J.B. METZLER

Joseph A. Kruse

Heine
und die Folgen

J.B. Metzler Verlag

Zum Autor
Joseph A. Kruse war 1975–2009 Direktor des Heine-Instituts,
von 1977–2016 im Vorstand der Heine-Gesellschaft und
ist seit 1986 Honorarprofessor an der kurz darauf nach Heine
benannten Düsseldorfer Universität.

Bibliografische Information der Deutschen Nationalbibliothek
Die Deutsche Nationalbibliothek verzeichnet diese Publikation
in der Deutschen Nationalbibliografie; detaillierte bibliografische Daten sind im Internet über http://dnb.d-nb.de
abrufbar.

ISBN 978-3-476-02652-1

© 2016 J. B. Metzler Verlag GmbH, Stuttgart
www.metzlerverlag.de
info@metzlerverlag.de

Gedruckt auf chlorfrei gebleichtem, säurefreiem
und alterungsbeständigem Papier

Einbandgestaltung: Finken & Bumiller, Stuttgart
(Foto: Porträt von Moritz Daniel Oppenheim, 1831 [akg-images])
Typografie und Satz: Tobias Wantzen, Bremen
Druck und Bindung: Ten Brink, Meppel, Niederlande

Inhalt

. . . .

Von Titel, Vita und Werk

Aller Anfang ist schwer. Doch müssen wir unverzüglich zur leider kontroversen Sache kommen. Diese wird im Falle Heines weder beim Titel des Buches noch bei der Skizze seiner Biographie mit Hinweisen auf die gelehrte Welt, die sich des Dichters angenommen hat, oder auf einige interessante Verwandte unbeschwert sein. Schon gar nicht einfach zeigen sich die Blicke auf sein Werk und dessen Präsentation wie Verankerung in der Öffentlichkeit oder in der übergeordneten Literaturhistorie sowie Kultur- und Erinnerungsgeschichte im quasi universellen Rahmen. Zum Glück aber gibt sich die Angelegenheit zumindest abwechslungsreich und dabei mit manch tieferem Sinn versehen. Der vermag unsere Ansprüche auf gewisse ebenso tragische wie komische Knalleffekte in Heinescher Hinsicht immerhin zu befriedigen.

Auch das umgehend vorweg: Karl Kraus, von dem gleich ausführlich die Rede sein wird, mochte vor allem den freilich nicht nur bodenständig norddeutschen, sondern durchaus weltläufigen Hamburger Lyriker Detlev von Liliencron, im hochpolitischen Jahr 1844 geboren und 1909, wenige Jahre vor dem Ersten Weltkrieg, gestorben und heute nicht mehr jedermanns Sache. Kraus lobte Liliencron sehr. Das geschah im ausdrücklichen Gegensatz zum Vorgänger beider, nämlich Heinrich Heine, gegen den Kraus den Hamburger Zeitgenossen sogar noch in seiner Hauptschrift gegen den deutsch-jüdisch-französischen Dichter Heine ein Jahr nach Liliencrons Tod ausspielte. Liliencron mit seiner »Landanschauung« wäre »in Schleswig-Holstein kosmischer als Heine im Weltall« gewesen, womit Heines Wort »Kosmopolit«, worin sich »der Kosmos mit der Politik versöhnt« habe, bissig desavouiert wird. Heine selber könnte man, so dürfen wir ergänzen, übrigens durchaus für einige Jahre wegen der engen familiären Verflechtungen und Verlagsbeziehungen mit der Hansestadt als teilweisen Hamburger Autor betrachten.

Liliencron hingegen schätzte seinen Landsmann Heine aufrichtig und pries dessen Lyrik, was Kraus seinerseits erst gar nicht wahrzunehmen schien oder wahrhaben wollte. Diesem war sogar das berühmte frühe Heine-Gedicht mit seinen zwei Strophen vom einsamen Fichtenbaum im »Norden auf kahler Höh«, der, umhüllt von »Eis und Schnee«, von der ebenfalls einsam trauernden Palme im fernen »Morgenland« auf »brennender Felsenwand« träumt, suspekt. Es steht als Nr. XXXIII im »Lyrischen Intermezzo« des »Buchs der Lieder« und wird von Kraus nur als »kunstvolle Attrappe im Schaufenster eines Konditors« eingeschätzt, obgleich es doch Heines Zwiespalt aus Herkunft und sehnsuchtsvoller Symbiose von Orient und Okzident so kurz wie innig ausgesprochen hatte. Jedenfalls gab Liliencron als zündenden Satz zur Feier des 100. Heine-Geburtstages zum Ende des 19. Jahrhunderts, als längst noch nicht alles von bloßer Begeisterung für den zu Preisenden kündete, unbekümmert und unumwunden als seine Stellungnahme ein immer noch brauchbares Motto über eine ganz bestimmte Folge von dessen Bedeutung preis: »Heinrich Heines Name ist unsterblich«. Darauf können wir uns in zustimmender Weise von Anregung wie Ermunterung gerne einlassen. Das Thema jedoch bleibt zweifellos vertrackt.

Karl Kraus und der mehrdeutige Titel

Natürlich ist der Titel »Heine und die Folgen« längst vergeben. Die Formulierung stammt, wie wir wissen, bei Gott nicht von irgendjemandem. Es könnte vermessen klingen, einfach darauf zurückzugreifen und ihn nach mehreren Generationen ohne viel Federlesens wieder aufleben zu lassen. Er klingt, so wird man zunächst einmal vorurteilsfrei zugeben müssen, und zwar trotz der möglicherweise mitgelieferten Drohung, dass etwas seine bösen Folgen habe oder zeitigen werde, neutral und offen, erwartungsvoll und nicht ohne Hoffnung. Doch hat er von Anfang an gerade wegen seiner angriffslustigen negativen Bestandsaufnahme und Richtung enorm Furore gemacht und sich gar zum beabsichtigten und ewig stehenden Vorurteil gemausert, indem er sich gegen eine positive Auslegung der Heineschen Erfolge wandte. Denn wer auch immer seit gut einem Jahrhundert über Heine nachdenkt oder spricht, sich mit seinem Leben und Werk beschäftigt, sich über Vieles bei ihm amüsiert, über manche seiner literarischen Eskapaden stutzt oder sich sogar darüber ärgert, wird nie mehr in bloß harmlosem Vergnügen oder mit bis in seine Gegenwart hinein irritiertem Erstaunen an seinen damals bereits geradezu europäisch geprägten, so modern wirkenden literarischen Gewährsmann Heinrich Heine aus Düsseldorf am Rhein denken, der auf dem Montmartre-Friedhof zu Paris, dem seinerzeitigen Mittelpunkt der für ihn denkbaren Welt, oder ihrer »Spitze«, wie er es ausdrückte, begraben liegt.

Unweigerlich wird er trotz lyrischer Freude wie prosaischen Erschreckens, oder umgekehrt, dabei zugleich beiläufig wie unauffällig von einem vergifteten Pfeil getroffen, auch wenn ein solcher nicht unbedingt bei allen in gleich skeptisch-arroganter Weise wirkt. Denn jeder wird zweifellos irgendwann bei der Lektüre ebenfalls auf den unseren deutsch-französischjüdischen Grenzgänger Heine nachhaltig schmähenden Aufsatz von Karl Kraus (1874–1936) mit dem extrem wirkungsvollen wie viel- oder mehrdeutigen, ja bei ausgetauschten Namen von Belang auf sämtliche anderen Rezeptionsgeschichten zu übertragenden, aber eben bei unserem Autor wirkmächtig gewordenen Titel »Heine und die Folgen« aus dem Jahre 1910 gestoßen oder darauf angesprochen worden sein.

In der Heine-Gefolgschaft werden diese Seiten angesichts der berühmten Kennerschaft und eines anerkannten Geschmacks des Wiener »Fackel«-Herausgebers Karl Kraus bis heute voller Unruhe beäugt und gern mit vergleichbar großem Abscheu beiseitegelegt. Zumal das ausgefeilte kleine Werk in dessen Schaffen nicht allein steht, sondern eingebettet ist in einen jahrelangen, von 1899 bis 1933 zu dokumentierenden, ebenso kenntnisreichen, zitatfreudigen wie untergründigen Versuch einer »Erledigung«, was ein umfangreiches Quellenwerk von Dieter Goltschnigg unter der Flagge »Die Fackel ins wunde Herz. Kraus über Heine« aus dem Jahre 2000 eindrucksvoll und beunruhigend vor Augen führt. Die doppeldeutige Wendung vom »über«, was den Standort der beiden Autoren zueinander betrifft, erinnert an das Verhältnis von Heine und Börne. Als der Verleger Julius Campe das Buch über den 1837 in Paris verstorbenen ehemaligen Freund und späteren Kontrahenten versehentlich und eigenmächtig mit dem Titel »Heinrich Heine über Ludwig Börne« versah, war solch mitzudenkende erhöhte, aburteilende Position des Verfassers keinesfalls im Heineschen Sinne. Denn seine Denkschrift über den älteren, ebenfalls deutsch-jüdisch-französischen Schriftsteller aus dem Frankfurter Ghetto war trotz aller Reserven auch eine Selbstbefragung, die den Gegner als Gegenbild benötigte, ihn einerseits zum Abscheu mancher Zeitgenossen erniedrigte, ihn aber andererseits in den Rang des großen Vorgängers erhob. Das ist überhaupt eines der Heineschen Geheimnisse: Man kann durchaus hassen, was außerhalb angesiedelt ist, meint dabei immer auch das, was man zu gut als das eigene Innere über die Maßen kennt und kritisch beobachtet. Darum bleibt die Frage, ob nicht Ähnliches auch im Verhältnis von Kraus zu Heine vorhanden sein möchte.

Trotzdem: Wenn etwas den Autor Heinrich Heine und sein begeistertes, zeitweise kaum zu bändigendes Publikum getroffen hat, dann diese Sottise von Karl Kraus. Dabei hatte die Heine-Wirkung zur damaligen Zeit insgesamt überhaupt nicht jenen Erfolg, von dem der Angriff aus Wien selbstredend ausgeht. Denn begreiflicherweise muss bedacht sein, dass die Tatsache, wie häufig, ja andauernd über jemanden geredet wird, durchaus noch nicht von solcherlei Qualität und staunenswerter Präsenz ist, wie man sie gerne als Anerkennung verbuchen würde. Das gescheiterte Heine-Denkmal in der Geburtsstadt, für dessen Aufstellung die österreichische Kaiserin Elisabeth Ende der 1880er Jahre selbst die royale Fürsprecherin gewesen war und das kurz nach ihrer Ermordung am Genfer See denkbar weit vor der Haustür, nämlich in der New Yorker Bronx landete, bildet trotz des guten Endes den Beleg für eine geradezu bemitleidenswerte Erfolglosigkeit. Andere abgeschmetterte Versuche einer deutschen Ehrung sprechen ebenfalls eher von Antisemitismus und Abwehr des Fremden, darunter von der Verachtung des französischen Geistes in der deutschen Literatur. Aber auch von einem Fremdeln vor der ungewohnten Textart, mit der Heine zum Beispiel in seiner Prosa von den »Reisebildern« aus den Jahren 1826 bis 1831 und sogar noch in der »Lutetia« von 1854 daherkam, jenen Korrespondenzartikeln für die zur damaligen Zeit als weltläufigstes Presseorgan von Heine eingeschätzte Augsburger »Allgemeine Zeitung«. Kein Wunder, dass er diese Arbeiten unter dem ursprünglich römischen Namen der französischen Hauptstadt ein Jahrzehnt später als bedeutungsvolle »Berichte über Politik, Kunst und

Volksleben« zusammenband. Überall Bewegung und Unerwartetes, kein übliches Gattungskorsett. Die Literatur springt über Gräben wie ihr Autor über Grenzen.

Selbst von der Kraus-Gemeinde und akademischen Kennerschaft wird dieser kontroverse Aufsatz über Heine inzwischen als »Skandalon« bezeichnet, wie das Nachwort zum 2014 erschienenen Band der »Bibliothek Janowitz« mit den »Schriften zur Literatur« von Karl Kraus es tut, der wie selbstverständlich als Gesamttitel eben jenes das Werk von Kraus lange und vielstimmig durchziehende Problem einer Abrechnung bezeichnet: jenes bekannteste Echo der antikollegialen historischen Literaturkritik mit der Überschrift »Heine und die Folgen«. Also, ein skandalumwitterter Autor aus der ersten Hälfte des 19. Jahrhunderts begegnet einem ebenfalls, was in den meisten Köpfen wie beim Namen Franz Kafka natürlich präsent ist, jüdischen Autor des Fin de Siècle, der, wie oft behauptet wurde, in jüdischem Selbsthass seinem Vorgänger, der ihm so unähnlich möglicherweise gar nicht war, die andere, lockere, ihm jedenfalls meist unangemessen erscheinende Schreibart wie Lebensauffassung um die Ohren schlug, dass es dem Publikum ganz mulmig, und zwar zwischen mehreren Polen schwankend, und bedenklich anders wurde.

Dabei hebt der Aufsatz vom April 1910, in eigener Broschüre bei Albert Langen in München erschienen und erst später der rcklameträchtigen Veröffentlichung in der »Fackel« anvertraut, so samtpfotig leise mit der Beschreibung des offenbaren Unterschiedes in damaligen Literaturdebatten an: »Zwei Richtungen geistiger Unkultur: die Wehrlosigkeit vor dem Stoff und die Wehrlosigkeit vor der Form. Die eine erlebt in der Kunst nur das Stoffliche. Sie ist deutscher Herkunft. Die andere erlebt schon im Stoff das Künstlerische. Sie ist romanischer Herkunft. Der einen ist die Kunst ein Instrument; der andern ist das Leben ein Ornament. In welcher Hölle will der Künstler gebraten sein?« Schließlich ist es soweit. Heine heißt der unrettbar eindeutige Höllenbraten. Seine Lyrik und Prosa der deutschen Periode hält nicht, was sie verspricht. Die französische Zeit erfährt erst in den Gedichten aus Todesnähe oder »Matratzengruft«, wie Heine die letzten acht Lebensjahre umschrieben hatte, eine gewisse Anerkennung. Ihn, den Teufelsbraten, zuzubereiten braucht es etwa 30 Seiten mit späterem sechsseitigen »Nachwort zu Heine und die Folgen« vom August 1911 und einem vierseitigen eigenen »Schlusswort« mit der Überschrift »Zwischen den Lebensrichtungen« aus dem Mai 1917; denn durch den Ersten Weltkrieg war der Gegensatz von deutsch und romanisch zu missverständlich geworden. Nichts aber hatte sich für Heine an und für sich geändert. Denn: »Ohne Heine kein Feuilleton. Das ist die Franzosenkrankheit, die er uns eingeschleppt hat. Wie leicht wird man krank in Paris!« Die Sprache für den Alltag der Zeitung und durch sie die leichte Verpackung eines künstlerischen Ernstes statt eines Ewigkeitsanspruchs ist das Kriterium, auch und gerade bei einem damals ebenso subversiv wie abfällig als syphilitisch charakterisierten Dichter, was dieser nicht einmal abzustreiten sich bemüht hätte oder wenigstens nur bedingt, weil er selbstverständlich auf die in diesen Dingen anfällige Reputation achtete. Heine schleppt also das Feuilleton als Franzosenkrankheit in die hehre Landschaft der deutschsprachigen Literatur ein. Und da bleibt laut Kraus bei Heines französischer Nähe nur »Geschmeichel, Geschmeide, Geschmeidig, Geschmeiß.«

Heine selbst hatte zum Beispiel am Ende seiner deutschen Zeit im Zusammenhang mit dem unter der Gürtellinie angesiedelten, antijüdischen Angriff Platens auf ihn – wegen der Beschneidung im Gegensatz zur unverfälscht heroisch nackten Männlichkeit der alten Griechen – seinerseits diesen gar nicht so unkritischen und somit einigermaßen ähnlichen christlichadligen Zeitgenossen wegen dessen Homosexualität gewissermaßen beim doppeldeutigen Geschlecht gepackt beziehungsweise über Gebühr mit üblichen Klischees von afterhaltigen Schwulitäten überschüttet. Auch hatte er den zwar als Kind protestantisch getauften, aber jüdisch geborenen, wenn auch schon nicht mehr beschnittenen Enkel von Moses Mendelssohn, den Komponisten Felix Mendelssohn Bartholdy, und die französisch-jüdische Schauspielerin Rachel Felix in seinen Pariser Berichten auf dem angeblich so maschinell artifiziellen Altar ihres Künstlertums geopfert, Dieser Vorbehalt konnte durchaus als antijüdische Parade gegen die zwei glänzenden Erscheinungen gelesen werden. Und beide hier in Erinnerung gerufenen zeitlich wie persönlich sehr unterschiedlichen Demonstrationen gemahnen leider den inhaltlichen Kriterien und sprachlichen Verwendungen nach einerseits an landläufige sexuelle Ausgrenzungen bzw. andererseits an spätere antijüdische Argumente Richard Wagners.

In dessen unheilvoller und auf die Spitze getriebener Fortsetzung grundieren sie gar das dunkelste Kapitel von mehr als einem Jahrzehnt in der deutschen Geschichte nach 1933. Diese Invektiven flackerten freilich selbst nach dem Zweiten Weltkrieg gelegentlich und nicht einmal nur hinter vorgehaltener Hand in den Diskussionen um Heines Wirkung oder Mendelssohns Wertung wieder auf und sind keineswegs für immer verstummt. Ähnlich spielen übrigens die Angriffe von Kraus gegen Heine die Rolle der abkanzelnden Verurteilung, was sich einige Jahrzehnte später dann ebenfalls nicht mehr nur als künstlerische Beckmesserei ausnahm, sondern vernichtend wirkte, weil es jetzt zum sprachlichen Arsenal des Nationalsozialismus gehörte, obgleich Opfer wie Henker längst beide gemeinsam aus dem Raster des unmenschlichen Systems gefallen waren, jedoch ihrerseits durchaus den unerbittlichen Degen im gewissermaßen innerfamiliären Zirkel hatten führen dürfen.

Das muss für eine von Verständnis geprägte Haltung von Mit- wie Nachwelt, und zwar gerechterweise für sämtliche Involvierten, die unter den wechselseitigen Diskursen oder Äußerungen wie im Falle Heine, Platen, Börne, Mendelssohn, Kraus etc. litten, unbedingt festgehalten werden, dass die gleichzeitige und spätere solidarische Anhängerschaft keinerlei blinder Anbetungs-Sucht bedarf, aber Empathie nach allen Seiten aufzubringen imstande ist. Darum bleibt beim möglicherweise als Eiertanz empfundenen, aber existentiell notwendigen Unterscheidungsschmerz angesichts von Unvergleichbarkeiten wegen einer gravierenden Unähnlichkeit in Voraussetzung wie Konsequenz strikt zu konstatieren: Sowohl beim Platen-Skandal, der einen der von Heine nicht einzukalkulierenden Gründe für seine Emigration bildete, wie beim verletzenden Urteil über jüdische Künstler im Konzertsaal oder auf der Bühne handelte es sich alles in allem um eine intern ausgelöste, äußerst heftige öffentliche Kampfsportdarbietung in der Arena freier Meinung wie Auseinandersetzung unter Gleichen. Die harten Bandagen mögen gewiss nicht jedermanns Sache sein, stellen aber gerade Signale für die kulturelle Vielfalt und den Glauben an die Möglichkeit eines Auslotens von Grenzen dar.

Die tödlichen Angriffe von außen dagegen sind als brutale Ausschließlichkeit damit keineswegs zu verwechseln, worauf die mit Heine vertraute Religionswissenschaftlerin Renate Schlesier dankenswerterweise nachdrücklich hinweist. Die Kombattanten aus dem kulturellen Kontext des 19. Jahrhunderts und die Massenpartei samt ihrer ungezügelten Willkür im 20. Jahrhundert sind einfach miteinander nicht vergleichbar. Was dem einen nach antiker Spruchweisheit (»Quod licet Jovi, non licet bovi«, womit die Distanz von höchster Gottheit und niederem Ochsen auf den Punkt gebracht wird) verbal oder in publizierter Form recht ist, hat beim andern durch eine brutale menschenverachtende Ideologie zur Vernichtung geführt. Diese ihrerseits legt als unbegreiflich barbarische Aktion den Grund zu jener unendlich unbeschreiblichen Schuld, die nie und nimmer wegzuleugnen ist. Sie umschließt eben auch die ablehnende Schmähung wie Verfolgung Heines genauso wie die von Karl Kraus.

»Wenn man einem deutschen Autor nachsagt, er müsse bei den Franzosen in die Schule gegangen sein, so ist es erst dann das höchste Lob, wenn es nicht wahr ist.« So Kraus in seiner Anti-Heine-Schrift, und für diesen Fall kann der von den zeitgenössischen Franzosen gern aufgenommene deutsche Gast, der nach viereinhalb Jahren Paris durch das Verbot des Jungen Deutschland im Dezember 1835 zum Emigranten wurde, eine solche Schule nicht gänzlich leugnen. Die Neugierde sei »immer größer als die Vorsicht«, und darum schmücke sich »die Lumperei mit Troddeln und Tressen«. Diesem Stabreim folgt auf dem Fuße, allerdings in einem neuen Abschnitt die immer wieder zitierte, offenbar auf das Wort »Lumperei« sich beziehende Stelle: »Ihren besten Vorteil dankt sie jenem Heinrich Heine, der der deutschen Sprache so sehr das Mieder gelockert hat, dass heute alle Kommis an ihren Brüsten fingern können.« Das Grässliche an dem Schauspiel sei »die Identität dieser Talente, die wie ein faules Ei dem andern gleichen«, was ja auch assoziieren soll, dass sie stinken. Kraus schließt an seine die Syphilis berufende Feuilleton-Metapher an und opponiert mit seinem passenden erotischen Vergleich aus dem Grisetten-Milieu also vor allem gegen die zuhauf auftretenden Nachfolger aus dem schreibenden Gewerbe. Er merkt an: »Die impressionistischen Laufburschen melden heute keinen Beinbruch mehr ohne Stimmung und keine Feuersbrunst ohne die allen gemeinsame persönliche Note.« Er merkt damit zugleich an, dass man sich das Feuilleton seit Heine nur noch durch dessen Schreibweise infiziert vorstellen kann, was im positiv begriffenen Sinn sogar bis heute gilt. Ja, darin mö-

ches Mal, zum Glück für beide und zum Wohle einer längst in
der Zukunft sich bewegenden Leserschaft, treffen, und zwar
geradezu einvernehmlich bei der anspruchsvollen Frühstücks-
lektüre überregionaler Zeitungen und Zeitschriften. Diese Erfahrung könnte gewissermaßen zur gegenseitigen Beruhigung
oder Besänftigung beitragen. Es bleibt beider unkonventionell
anregende Note, die einer fruchtbaren Kommunikation gut
tut. Solche Stacheln nützen und schaden nicht.

Dennoch: Person und Leistung Heines passen seinem Wie-
ner Beobachter wie Gegner auf gar keinen Fall. Schließlich sei,
fügt er bissig hinzu, »alle Verquickung des Geistigen mit dem
Informatorischen, dieses Element des Journalismus, dieser
Vorwand seiner Pläne, diese Ausrede seiner Gefahren, durch
und durch heineisch«. Kraus findet in seiner Giftigkeit kein
Ende, auch wenn diese längst durch die anhaltende Aufnahme
Heines in aller Welt und trotz der eigenen verschworen elitären
Anhängerschaft mehr oder minder Lügen gestraft worden ist.
Nach einigen heute weniger leicht verständlichen oder schwe-
rer aufzudröselnden, anzüglichen wie nur mühsam verifizier-
baren Ausfällen fährt er fort: »Aber immer dringlicher wird die
Rede von seiner Wirkung, und dass sein Werk nicht tragfähig
ist unter einer Wirkung, die das deutsche Geistesleben nach
und nach als unerträglich von sich abtun wird.« So werde es
sich abspielen, prophezeit der alles in allem angesichts des gut
zwei Jahrzehnte später über ihn hereinbrechenden politischen
Terrors, der auch dem Nachruhm seines historischen Widersa-
chers enorm geschadet hat, unglücklich endende Kritiker: »Jeder Nachkomme Heines nimmt aus dem Mosaik dieses Werks
ein Steinchen, bis keines mehr übrig bleibt. Das Original ver-
blasst, weil uns die widerliche Grelle der Kopie die Augen öffnet.« Hier sei ein Original, »dem verloren geht, was es an andere hergab«.

Heine, der Dichter, lebe »nur als eine konservierte Jugendliebe«. Keine sei »revisionsbedürftiger als diese«. Ein Angriff auf Heine sei ein »Eingriff in jedermanns Privatleben«. So geht es assoziationsreich fort und fort. Verständlich, dass dadurch »die Pietät vor der Jugend« verletzt werde und, wie es ironisch heißt, »sich die erwachsenen Leute nicht bieten« lassen müssen, »dass man ihnen bestreiten will, der Lyriker Heine sei größer als der Lyriker Goethe. Ja, von dem Glück der Assoziation lebt Heinrich Heine.« Und weiter: »Man hatte die Masern, man hatte Heine.« Also stellt die Vorliebe für den jüdischen Dichter aus Deutschland in Paris offensichtlich eine verbreitete Kinderkrankheit dar, die Kraus wegen zufälliger Isolation und früher Unkenntnis zum Glück nicht gehabt hat! Heines Reiz, würden »seine erwachsenen Verteidiger« sagen, »sei ein musikalischer«. Ein solches Argument verfängt erst gar nicht. Heines Lyrik sei »Melodie so sehr, dass sie es notwendig hat, in Musik gesetzt zu werden«. Der »Simplicissimus« habe einmal »über die deutschen Sippen« gespottet, »die sich vor Heine bekreuzigen, um hinterdrein in seliger Gemütsbesoffenheit ›doch‹ die Lorelei zu singen«.

Dann holt Kraus zum eigentlichen Schlag gegen den weltbekannten Schlager Heines aus, der seinerseits Letzterem bis heute durchaus nicht geschadet hat. Da verhält es sich, was einem gegenwärtig durchaus so scheinen könnte, wie mit dem weltweit die seligen Tränen und keineswegs unerlaubt heimeligen Gefühle lösenden, nur wenige Jahre älteren »Stille Nacht, heilige Nacht« zur Weihnacht aus sanfter Tiroler Einsamkeit: »Ist es Einsicht in den lyrischen Wert eines Gedichtes, was den Gassenhauer, den einer dazu komponiert hat, populär werden lässt? Wie viele deutsche Philister wüssten denn, was Heine bedeuten soll, wenn nicht Herr Silcher ›Ich weiß nicht, was soll es bedeuten‹ in Musik gesetzt hätte?« Unmittelbar darauf wird nach einem klagenden »Ach« durchaus »dieser engstir-

...ige Heineliass, der den Juden meint«, thematisiert: Er lasse »den Dichter gelten und blökt bei einer sentimentalen Melodei wohl auch ohne die Nachhilfe der Musikanten. Kunst bringt das Leben in Unordnung.« Doch wo kein Halten ist, gibt es keine literarische oder gar jüdische Solidarität. Nicht umsonst erklärte die zeitgenössische Kritik Karl Kraus gar zum Antisemiten Adolf Bartels Nr. 2, der seinerseits als völkisch-rassistischer Literarhistoriker populären Zuschnitts mit widerwärtigsten verbalen Ausfällen von Weimar aus das Paradebeispiel für eine schmierige publizistische Hetze war, darunter der in seiner Häme nicht zu überbietende Titel »Heinrich Heine. Auch ein Denkmal« von 1906.

»Es ist in der Tat nichts anderes als ein skandierter Journalismus, der den Leser über seine Stimmungen auf dem Laufenden hält«, heißt es gnadenlos bei Kraus. Möglicherweise hätte Heine, wie wir im »Börne«-Buch sehen, aus Gründen einer historisch früher, gerade deshalb mühsamer erfolgten Emanzipation oder Assimilation gnädiger oder verständnisvoller reagiert. Wenn wir allerdings seine eigenen Abfertigungen literarischer Gegner wie Wolfgang Menzel, den publizistischen Auslöser des Verbots des Jungen Deutschland, und weiterer nationalstolzer Schriftsteller, z. B. des Germanisten Hans Ferdinand Maßmann, betrachten, hat Kraus nicht etwa aus Versehen die Heinesche Schulbank gedrückt. Die völlig uneingeschränkte Höhe der Literaturkritik bei Heine oder Kraus, die gerade den glänzenden, oft von der Nachwelt verschämt bewunderten Witz ausmacht, wäre unter späteren Kriterien einer politischen Korrektheit gar nicht mehr ungestraft möglich gewesen. In der Satire- und Kunstfreiheit haben es beide erstaunlich weit gebracht.

Heines berühmter, wenn auch gelegentlich anstößiger Witz, sowohl »in Vers und Prosa«, so Kraus ohne Skrupel, sei »ein asthmatischer Köter«. Auch darüber mag man lachen, aber richtig froh wird man dabei nicht und es will einem freiwillig scheinen, dass man sich bei Heines Humor freundlicher aufgehalten hat und weiterhin wohl fühlt. Kraus nimmt Platen zwar zu Recht vor Heines Polemik in Schutz, da Letzterer »wohl keine Ahnung von den Varietäten der Geschlechtsliebe« gehabt habe. Und auch Börnes eigentlich mit Salomon Strauß verheiratete Freundin Jeanette Wohl wird verständlicherweise verteidigt vor der »Wurzellosigkeit des Heineschen Witzes«, der übrigens zum Duell geführt und die Hochzeit des Dichters mit seiner langjährigen katholischen Lebensgefährtin Mathilde veranlasst hatte. Doch auch solche Ausflüge zur Ehrenrettung von Opfern einer gelegentlich mehr als unverzeihlich bedenkenlosen und beleidigenden Personalsatire Heines machen die Sache nicht leichter, sondern bestätigen jene beiläufige Feststellung von Kraus, dass »Heine wirklich der Vorläufer moderner Nervensysteme« gewesen sei. Und als solcher hat er eben doch wohl den Nerv der Zeit auch einer nachfolgenden Leserschaft getroffen. Ob Heine wirklich das »Geheimnis der Geburt des alten Wortes« fremd war, bleibt nach wie vor zu fragen. Gewiss war ihm die Sprache »zu Willen«. Aber brachte sie ihn wirklich nie zu »schweigender Ekstase«? Da sei sein großes Gedicht »Es träumte mir von einer Sommernacht« an seine letzte Liebe, an die jugendliche Elise Krinitz, die er »Mouche« nannte, schlicht vor. Dort heißt es: »Das Schweigen ist der Liebe keusche Blüte.« Und Heine, so möchte man ergänzen, hat beides, das Schweigen wie die Liebe, in sensibelster Form beherrscht.

Wir können die Nacherzählung dieses Rundumschlags im Aufsatz »Heine und die Folgen« von Karl Kraus beenden. Die Bitterkeit wurde angeblich trotz des bis heute allgegenwärtigen Titels nicht einmal belohnt. Darauf jedenfalls weist die wohl allzu relativierend bescheidene Bemerkung im späteren »Nachwort« hin, dass nämlich die Schrift »keine Leser«

gefunden habe. Das mag in gewissem Umfang, ob zu Nutz und Frommen oder als Verlust, das sei hier einmal dahingestellt, sogar bis heute gelten. Aber Mitwisser gab und gibt es die Menge, und dadurch obendrein ein, den Titel als missgünstiges Zitat mitgeschlepptes und dadurch sogar sich fortpflanzendes, im Hintergrund waberndes Vorurteil. Manchmal möchte man mit dem noch so glänzenden Kraus, wie mit einem begabten Kind, das nach Liebe verlangt, einfach Mitleid haben und nicht umsonst vermuten, dass er sich ein bewundernswertes Objekt ausgesucht hat, um sich jegliche Form von Konkurrenz in einer Mischung aus zornigem Verständnis und vorurteilsvollem Liebeswunsch von der Seele zu schreiben.

Ist also der Text von Karl Kraus nur eine Chimäre? Gewiss nicht. Aber er entstand möglicherweise genau aus jener unstillbaren Anhänglichkeit, die durch ein gemeinsames Bewusstsein erwächst, in der Welt fremd zu sein und sich in die Arme eines familiären Einvernehmens durch Liebesanspruch fallen lassen zu wollen. Unheil und dessen Gegenteil liegen nah beieinander. Das Publikum ist allerdings nicht so unverständig, wie es manchmal scheinen mag. Kraus hat dem damals offenbar mehr als modischen Mythos Heine nicht nur misstraut, sondern ihn bissig und verärgert entschleiern wollen. Da half es nichts, dass gar die österreichische Kaiserin Elisabeth gerade diesen jüdischen Dichter Heine als einzigen nicht hochtrabenden Ritter der Poesie auf seinem Musenross ansah, ihn obendrein als ihren literarischen »Meister« betrachtete und ihm, was erst der viele Jahrzehnte nach ihrem Tod publizierte Nachlass aus Schweizer Besitz ans Licht brachte, ihre zahlreichen eigenen Gedichte zu verdanken glaubte. Im Gegenteil: Solche Bevorzugung wurde von Karl Kraus nur als lächerlicher Schaden angesehen. Dabei hat er den Bogen bei weitem überspannt und in eigener Person heftig zur Mythisierung Heines beigetragen, wobei sich ganze Generationen in aller Welt oftmals einig gewesen sind, dass in und durch Heine, gerade durch die Symbiose von Inhalten und deren Darbietungsform, sich ein neues freiheitliches Selbstbewusstsein Bahn verschafft hatte, dem noch weiterer Raum geschuldet war. Warum um Himmels willen sollte man solche Leistung nicht würdigen? Wir jedenfalls wollen unser Scherflein dazu beizutragen versuchen.

Vita mit spontanen wie gelehrten Folgen

Gerade die außergewöhnlichen Bedingungen wie Verläufe von Heines Biographie blieben nicht folgenlos. Die spontanen Folgen, die sich bereits früh in zahlreiche Artikel und Nachrichten über ihn, oft aus der Feder nicht unbedeutender Zeitgenossen wie anfangs vom etwa gleichaltrigen Schriftstellerkollegen Karl Immermann oder dem über ein Jahrzehnt älteren allgegenwärtigen rheinischen Landsmann mit Berliner Präsenz Karl August Varnhagen von Ense, verwandelten und später zur Legion anwuchsen, vermochte er selbst nur teilweise zu beeinflussen oder zu bestimmen, auch wenn er von früh an ein Meister der Selbstdarstellung und Außenwirkung war. Das ist schon für die deutsche Periode zu beobachten. Solche Folgen aus Neugier und Skandalmeldung waren es gleichzeitig, die ihn für sein Publikum interessant machten, das Berichte über seine für Erstaunen sorgende freie Meinungsäußerung wie Lebensführung vor allem der Pariser Zeit wie Orakel verschlang. Nach einer gewissen Zeit hatte er erreicht, dass man ihn, seine Schriften und Gedichte und alles, was es an Meldungen über ihn gab, zu einer Attraktion stilisierte. Insofern war er durch sein gesamtes physisches wie psychisches Überlebensprogramm sehr früh stilbildend und ein Vorbild für die Freizügigkeit wie Souveränität eines Lebens, das dennoch Prinzipien verhaftet blieb und sei es denen der Französischen Revolution mit ihrer trotz gravierender inhumaner Übergriffe in der revolutionären Praxis wenigstens theoretisch fortbestehenden Dreieinheit von Freiheit, Gleichheit und Brüderlichkeit. Die klagt Heine sein Leben lang unerschrocken ein. Damit setzt er Maßstäbe.

Was bei einer vorurteilslosen Betrachtung über die »Heine-Zeit«, wie man die Epoche nach der »Goethe-Zeit« getrost bezeichnen darf, das Publikum am meisten frustriert, ist der Umstand, dass man angesichts der gar nicht so endlos zurückliegenden Wegstrecke seit damals, aber wegen einer dokumentarischen Lücke über das Geburtsjahr und das genaue Geburtsdatum Harry Heines, wie er mit jüdischem Anklangsnamen an den Großvater Heymann Heine ursprünglich hieß, nach wie vor im Dunkeln tappt. Wir werden schlicht darüber belehrt, dass man sich aus manchen Gründen in der Wissenschaft, als sei diese die glaubhafte Hebamme, auf den 13. Dezember 1797 geeinigt habe, an dem Heine im Hinterhaus des seiner mütterlichen Familie gehörenden Geschäfts- und Wohngebäudes Bolkerstraße 53 zu Düsseldorf geboren wurde. Weil man nichts Genaueres weiß, trotz der Tatsache, dass die Lebensdaten aus der Familie schon einige Generationen zuvor durchaus vorliegen. Ob nicht diese Ungenauigkeit, die einem Brand im Archiv der kleinen Israelitischen Gemeinde zu Düsseldorf zugeschrieben wird, für den jungen Eleven der deutschen Literatur von besonders verunsichernder Bedeutung gewesen ist, gar als Signal einer Bindungslosigkeit durch ungenaue oder dem jeweiligen Anlass angepasste Datierung gedeutet werden könnte? Damit vermochte er sich, wie geschehen, leicht zum ersten Mann des neuen Jahrhunderts zu machen. Hätte er einer der christlichen Konfessionen angehört, wäre er als Kleinkind sofort getauft worden, wie es im Falle seiner Zeitgenossin Annette von Droste-Hülshoff als Lebenseintrittsdatum überliefert ist, wäre eine solche Ungenauigkeit erst gar nicht aufgetreten, da die nach dem Herzogtum Jülich und Berg benannte Zeitung damals Listen der Täuflinge, noch nicht aber Zuwächse in der Jüdischen Gemeinde bekanntmachte. Allein in dieser Hinsicht hat er vieles seinen literarhistorischen Zeitgenossen voraus, oder besser: hinkt ihnen hinterher. Einfach, weil er ein jüdischer Außenseiter war und es im Prinzip ein Leben lang, bis zum Tod in der avenue Matignon am 17. Februar 1856, trotz ellenlanger Rezensionen und Berichte über ihn und seine kontrovers betrachtete Bedeutung, geblieben ist.

Umso überraschender der unerwartete Sprung in die ihn umgebende deutsche Romantik mit ihren abgründigen Gefühlen und ihrer Hinwendung zum christlichen Mittelalter vor jener die gewohnten Verhältnisse gänzlich ändernden Reformation durch Martin Luther von 1517. Zwar achtete besonders seine Mutter Betty, die aus der seit einigen Generationen in Düsseldorf ansässigen Hoffaktoren- und Judenärztefamilie van Geldern stammte, auf eine den lokalen Gegebenheiten entsprechende emanzipierte Ausbildung mit Erfolgschancen, so dass von jüdischer Erziehung kaum die Rede sein kann. Seine Bibelfestigkeit und das einzigartige, mehrmals zu vernehmende faszinierende Lob des Buchs der Bücher, was so ganz gegen seinen religionskritischen Sinn angestimmt zu sein scheint, könnte man als ein Erbe von wahrlich außerordentlichem Gewicht bezeichnen. Das betrifft die Hebräische Bibel genauso wie das Neue Testament. Immerhin nannte er in den italienischen »Reisebildern« Jesus seinen »Wahlgott« und bezeichnete in den »Geständnissen« die Bibel als »ein portatives Vaterland«, das die Juden »im Exile« gleichsam mit sich »herumschleppten«. Vom fabelhaften, bereits schriftstellernden Großonkel Simon de Geldern zu berichten, den Abenteurer und Palästinareisenden, in dessen Nachlass der junge Heine im Hause ›Arche Noä‹ in der Mertensgasse kramte und sich auf diese Weise mit dem Vorfahr und dessen Abenteuern sowie antiquarischen Interessen identifizierte, würde zu weit führen. Für eine gewisse Gleichstellung der Juden innerhalb der Mehrheitsgesellschaft, an der dieser gelehrte und aufgeklärte Simon durch Beobachtungen oder pragmatische Urteile sogar beteiligt war, hatte Napoleon in seinen Gebieten, wozu auch Düsseldorf gehörte, Sorge getragen. Auch das einer der Gründe für Heines lebenslange Bewunderung, die er dem französischen Kaiser entgegenbrachte. Man denke nur an das bekannte und von Richard Wagner, übrigens der französischen Übersetzung folgend, wie Robert Schumann, der Heines deutsche Fassung vertonte, unabhängig voneinander mit Motiven aus der Marseillaise versehene Gedicht über die zwei Grenadiere, die aus der russischen Gefangenschaft wieder nach Frankreich »zogen«. Der eine, den weder Weib noch Kind scheren, wie es bei seinem Kompagnon der Fall ist, bleibt dem Kaiser als Schutz und Trutz mit Haut und Haar über den Tod hinaus verbunden: ein immer wieder gern gehörter Mythos über Untergang und Auferstehung.

Aber der Besuch des Lyzeums, wobei er und seine beiden jüngeren Brüder Gustav und Maximilian die einzigen Jungen mit israelitischem Bekenntnis waren, während die geliebte Schwester Charlotte die üblichen weiblichen christlichen Bildungsanstalten besuchte, kam bewusst an kein Ende. Der Erstgeborene sollte in die kaufmännischen Fußstapfen seines aus Norddeutschland stammenden Vaters Samson Heine in der Bolkerstraße unweit des Rathauses, wo die Familie seit 1809 dem Geburtshaus gegenüber sogar ihr eigenes, nach den Kriegszerstörungen heute nicht mehr existierendes Haus besaß, und des reichen Bankiersonkels Salomon Heine am Jungfernstieg in Hamburg mit einer Villa an der Elbchaussee treten. Der kaufmännische Versuch mit Kurzaufenthalt in Frankfurt am Main samt einer dreijährigen Tätigkeit in Hamburg scheiterte aus privaten wie wirtschaftlichen Gründen. Damit war auch die Episode einer unglücklichen Kusinenliebe zu Ende. Amalie und Therese hießen die beiden, bald ebenso passend wie glücklich verheirateten jungen Damen Friedländer und Halle in Königsberg und Hamburg. Die Sache gelang ihm aufs Nachhaltigste für seine erfolgreich werdende Liebeslyrik auszubeuten. Nach einer Aufnahmeprüfung konnte nur wenig verspätet im Vergleich zum jüngeren Alter der Kommilitonen unser gescheiterter Kaufmann mit etwa 22 Jahren die Universität Bonn zum Jurastudium beziehen – eine gewiss meistangestrebte Voraussetzung für eine Erfolg versprechende spätere Berufstätigkeit. Ein Schriftsteller kam für die Familie jedenfalls nicht in Frage. Da aber bereits der junge Hamburger Kaufmann unter Pseudonym als Lyriker sein Glück versucht hatte, wird verständlich, wie neben dem Brotstudium auch Geschichte, Philosophie und Literatur im Vorlesungsbetrieb eine besondere Rolle spielten. August Wilhelm Schlegel wurde zum tatkräftigen Lehrmeister für seine Verse. Die rheinisch-westfälische Zeitschriftenlandschaft wurde eifrig bestellt. Als die nächsten Stationen anstanden: Göttingen und Berlin, war bereits von einem reüssierenden Dichter die Rede.

Göttingen musste wegen eines geahndeten Duells rasch gegen Berlin ausgetauscht werden, wo er den Salon von Rahel Varnhagen kennenlernte und die dazugehörende graue Eminenz, den sehr viel jüngeren Ehemann, seinen bereits erwähnten rheinischen Landsmann Karl August Varnhagen von Ense, der ebenfalls in Düsseldorf geboren war. Aber der Jurastudent hörte unter anderem auch bei Hegel Philosophie, lernte insgesamt auf der Klaviatur des literarisch-kulturellen Lebens zu spielen und legte erste Buchveröffentlichungen vor. Auch die Mitgliedschaft im ›Verein für Kultur und Wissenschaft der Juden‹ prägte das vorher etwas undifferenzierte Bewusstsein von Herkunft und schwieriger gesellschaftlicher Position. Prosaarbeiten machten die erste Runde: In seinen »Briefen aus Berlin« erfuhr die frühere Heimat am Rhein und in Westfalen, wie bunt und abwechslungsreich es in der preußischen Hauptstadt zuging. Sein Memoire über seine Polenreise nach dessen preußischem Teil weitete den Blick und leistete, auch in Hinsicht auf jüdische Bedingungen, Vorarbeit für die baldigen »Reisebilder«. Vergessen sei nicht die Arbeit an seinem erst spät erschienenen Erzählfragment »Der Rabbi von Bacherach«, jenes Dokument einer jüdischen Rheinromantik, das eine mehrfache Klammer im Selbstverständnis und angesichts krasser politischer Ereignisse im Orient bildet, als es 1840 im 4. »Salon«-Band erschien.

Inzwischen war seine Familie wegen einer Erkrankung des Vaters, die mit einer dem Alter geschuldeten Unzurechnungsfähigkeit umschrieben wird, unter Oberaufsicht des Millionärsonkels nach Lüneburg umgezogen. Hier erlebte Heine als bummelnder Student im Wartestand eine Idylle aus Biedermeier und bürgerlicher Häuslichkeit. Ein junger Lyriker war zu besichtigen. In Göttingen wiederum konnte das Studium im Sommer 1825 schließlich erfolgreich mit Staatsexamen und Promotion bei dem berühmten Begründer der historischen Rechtsschule Gustav Hugo abgeschlossen werden. Zur gleichen Zeit ließ sich der Aspirant auf ein erfolgreiches öffentliches Wirken im nahen Heiligenstadt, in der katholischen Enklave des Eichsfelds, protestantisch taufen. Ohne Zugehörigkeit zu einer der christlichen Kirchen war kein vorschriftsmäßiger Staat zu machen, schon gar nicht in einem vergeblich erhofften öffentlichen Amt als Professor an einer Universität etwa in München oder in der Verwaltung beispielsweise der Freien und Hansestadt Hamburg.

Was aus ihm wurde, war dann schließlich doch nur ein »Dichter«, wie er seine Karriere am Ende selbst ironisch beschrieb: in Anspielung darauf, dass sein geistlicher Philosophielehrer in Düsseldorf, Freund der Familie, ihn für den römischen Kirchendienst empfehlen wollte, so dass er es sogar bis zum »Papst« hätte bringen können. Er blieb sein abwechslungsreiches Leben hindurch ein freier Schriftsteller, eine ziemlich risikoreiche Berufssparte, die der Familie trotz eines endlich entstandenen begreiflichen Stolzes auf den Erstgeborenen immer auch Sorgen bereitete. Als solcher lebte er anschließend in Hamburg, fand hier seinen lebenslangen Verleger Julius Campe, erfand die Nordsee-Literatur, legte sich mit der Zensur an, reiste nach England und streifte Holland, verbrachte ein halbes Jahr als Redakteur des hochangesehenen Cotta-Verlages in München, dessen Redakteur der »Neuen allgemeinen politischen Annalen« er war. Von dort ging es auf Italienreise, die nur bis Florenz führte. Der junge Schriftsteller eilte wegen der tödlichen Erkrankung seines Vaters über Venedig nach Hamburg zurück: »zum Troste der Mutter«, wie Rosa Maria Assing, Schwester Varnhagens, am 10. Februar 1829 eigens im Tagebuch festhielt, da Heine sie am Nachmittag besucht hatte, »selbst sehr schmerzlich bewegt und erschüttert durch den herben Verlust«. Die deutschen Umstände machten ihn so hypochondrisch, dass er nicht einmal auf einer vom Meeresrauschen umgebenen Nordseeinsel das Ticken einer Uhr ertrug, und zwar trotz mancher ihm persönlich wie seinem Werk so wichtig gewordenen Freunde und Vertrauten: der Düsseldorfer Schulfreund wie Kommilitone aus gutem Juristen-Hause Christian Sethe, der wie Heine die Rechte studierte; der Berliner Gefährte aus dem jüdischen Kulturverein und Bankangestellte Moses Moser; der Hamburger Kaufmann und Gehilfe bei der Drucklegung des »Buchs der Lieder« Friedrich Merkel, der in Lüneburg einen Bruder als Pastor besaß; der Lüneburger Begleiter Rudolf Christiani, Sohn des früheren Kopenhagener Hofpredigers, später sogar mit Heines französischer Kusine verheiratet, der zwar einige Reputation aufwies, aber keine gerade zufriedenstellende Position in der Stadtverwaltung erlangte. Auch das Ehepaar Varnhagen in Berlin gehörte dazu oder der Schriftsteller, Jurist und Theaterreformer Karl Immermann aus Magdeburg, der uns als Kritiker des frühen Heine bereits begegnet ist und gewissermaßen statt seiner von 1827 bis zu seinem frühen Tod 1840 in Düsseldorf das rheinische Kulturleben bereicherte und dort begraben liegt. All diese noch so interessanten Menschen vermochten ihn freilich auch nicht für immer an sie selber oder gar an Deutschland zu binden. Sein »Buch der Lieder« von 1827 wurde erst nach einem Jahrzehnt zum Dauerbrenner. Die »Reisebilder«-Prosa mit ihren Mischformen wurde allenthalben als keck apostrophiert. Seine Publizistik machte ihn zum Schrecken der herrschenden Zensur. Das XII. Kapitel von »Ideen. Das Buch Le Grand« hatte seine Kritik, wie eine graphische Einlage, durch zahlreiche Zensurstriche nach dem an sich schon nicht ungefährlichen Auftakt »Die deutschen Zensoren« in einem einzigen, zwischendurch stehengebliebenen Wort als nebenbei gelieferte Botschaft sinnfällig werden lassen, indem zwischen den Gedankenstrichen nur noch das Wort »Dummköpfe« auftauchte.

Im Mai 1831 ging er, angelockt von der Julirevolution von 1830 und den urchristlichen Botschaften einer in vielen Hinsichten emanzipierten Sekte des Saint-Simonismus, als Berichterstatter nach Paris, um, wie er meinte, freiere Luft zu atmen, zunächst allerdings wohl keineswegs für immer. Es wurde dann doch ein Vierteljahrhundert daraus, sein ganzes restliches Leben, das er in seinem Gelobten Lande jenseits des Rheins verbrachte. Auch in Frankreich hielt er übrigens das Reisen bei, zumal an die Küste. Wer einmal dem Meer verfallen ist, bleibt es. Durch den Bundestagsbeschluss gegen die literarische Gruppe des Jungen Deutschland, die gewohnte wie verbindliche Ordnungsfaktoren von »Thron und Altar«, sprich Staat und Religion, schnöde in Frage gestellt habe und als deren Haupt er neben Karl Gutzkow, Heinrich Laube, Theodor Mundt und Ludolf Wienbarg angesehen wurde, erreichte ihn Ende 1835 das Verbot seiner bisherigen wie zukünftigen Werke – ein Dichter unter empfindlicher materieller und geistiger Kuratel, was sich zwar langsam lockerte. Aber die Schreibart und die Themen mussten sich ändern. Sein Mut, seine Respektlosigkeit, seine Kritik an Thron und Altar, jener unheilvollen Verknüpfung von religiöser und staatlicher Gewalt als gemeinsames Mittel gegen die Meinungs- und Entfaltungsvielfalt, sowie sein Einsatz für die Freiheit, gegen obrigkeitliche Willkür oder Zwang taten es nicht.

Auch eine jahrelang diskret gezahlte Pension von französischer Seite erniedrigte ihn keineswegs zum Lohnsklaven. Heine begann in Europa, ja in der weiten Welt etwas zu bedeuten. Die Familiarität eines kulturellen Lebens von ausgesprochenem Format, wenn auch nicht unbedingt auf großem Fuße, machten den deutschen Schriftsteller zu einer Pariser Kapazität. Er wusste seinen deutschen Landsleuten Frankreich, im Gegenzug den Franzosen als rasch neu gewonnenen Freunden Deutschland näher zu bringen. Seine Werke und Persönlichkeit bildeten eine fliegende Brücke über den Rhein. Sein Blick und sein Stil verbanden sich zu Eleganz und Leichtigkeit. Ob nicht Karl Kraus denn doch später ein wenig neidisch war, zumal neben allen zeitgenössischen und nachfolgenden Angriffen auch die rührende Anerkennung, und sei es in Form einer blumig-immortellenhaften Verehrung auf seinem inzwischen eindrucksvollen Grabe in Paris, kein Ende fand – trotz der Wiener Invektive?

Schriften über »Französische Zustände« oder »Französische Maler« oder Berichte über die musikalische Saison wussten das Leben der Nachbarn genauso einzufangen wie ihrerseits die Darstellung »Zur Geschichte der Religion und Philosophie in Deutschland« oder anschließend »Die romantische

Schule« von 1836 Hintergründe und Eigenarten deutscher Befindlichkeit darboten. Über die Vielfalt des Werks muss in unserem Zusammenhang anschließend noch einiges gesagt werden. Hier reicht der Hinweis auf eine Lebenssituation, die den Werken ihren autobiographischen Stempel aufdrückte, was wiederum dem kritisch nörgelnden Karl Kraus unangemessen erschien. Das gilt neben den Gedichten, mit ihren verbreiteten und selbst in Form einiger Sentenzen in Büchmanns »Geflügelten Worten« eingegangenen Ohrwürmern, zumal für die »Geständnisse«, aber auch schon für die Versepen »Deutschland. Ein Wintermärchen«, verfasst nach seiner ersten Hamburg-Reise nach zwölf französischen Jahren, oder »Atta Troll. Ein Sommernachtstraum«, jenem romantischen Abgesang aus den Pyrenäen. Die »Neuen Gedichte« von 1844, in denen aus Zensurgründen auch das »Wintermärchen« enthalten war, weil auf diese Weise der Band nicht der Vor-, sondern erst der Nachzensur auf den Tisch und wenigstens ein Teil zu den Leuten kam, verfügen wie gewohnt über den Blick auf ihn selber. Damit ist die Rede vom lyrischen Ich plötzlich obsolet, weil sie bei Heine schlichtweg doch völlig ungeniert über einen ganz bestimmten Autor, nämlich über sich selber geht.

Vor allem würde es in der letzten lyrischen Buchsammlung des »Romanzero« hapern, obgleich die Gedichte der Abteilung »Historien« in der Tat oft eine historische Distanz einhalten, der Titel der Abteilung »Lamentationen« aber bereits dem Autor selbst eine Plattform verleiht und die »Hebräischen Melodien« eine mit sämtlichen Ingredienzien versehene, von Ehrfurcht wie Sarkasmus geprägte Botschaft von Herkunft, Unabänderlichkeit wie Unabhängigkeit enthalten. Das setzt sich fort. Die mythologischen Schriften spiegeln sein religionshistorisches Interesse, sind, wie Markus Winkler 1995 gezeigt hat, als »Mythisches Denken zwischen Romantik und Realismus« eingebettet in die »Erfahrung kultureller Fremdheit«, ohne

Vita mit spontanen wie gelehrten Folgen

sich politisch missbrauchen zu lassen. Die bereits genannten »Geständnisse«, späten Gedichte sowie der Nachlass, seien es das »Memoiren«-Fragment oder die Lyrik, sind Konfessionen eines Lebens, wie es schließlich, was die Gesundheit betraf, elend zu Ende ging, ohne dass der distanzierte Humor und die Attraktivität für manche noch so unterschiedlichen Besucher verloren gegangen wären.

In Paris war Heine zuvor, das gestanden selbst die Kritiker neidlos ein, ein deutsch-französischer Star unter den Notabeln des kulturellen Lebens gewesen. Seine französischen Werkausgaben als Übersetzungen oder Parallelen seiner Schriften des deutschen Buchmarkts sowie die Beiträge in Pariser Journalen sprechen für eine gewisse anerkannte Integration. Privat hatte er sich in die junge Schuhverkäuferin Augustine Crescence Mirat (1815–1883) verliebt, ein uneheliches Mädchen vom Lande, das er kurzerhand »Mathilde« nannte. Ein gelegentlich turbulentes Verhältnis, das ganz für seine Unvoreingenommenheit spricht. Als Heinrich und Mathilde lebten sie im Venusberg von Paris, den Vornamen nach, so möchte man meinen, entsprechend dem schönen Muster des Romans »Heinrich von Ofterdingen« von Novalis, dessen Weg »immer nach Hause« führt. Er heiratete sie Ende August 1841 wegen eines bevorstehenden Duells mit dem Mann der von ihm im »Börne«-Buch verunglimpften Madame Wohl standesamtlich und sogar nach katholischem Ritus in der ehemaligen Jesuitenkirche St. Sulpice. Mathilde galt es auf jeden Fall zu versorgen. Dieses Problem war dann nach dem Tod des Onkels in Hamburg Ende 1844 noch gravierender. Heine hatte 1843 und 1844 jeweils Hamburg besucht und auch den Onkel wiedergesehen. Die zweite Reise mit seiner Frau war auf dem Seeweg erfolgt, da er sonst durch einen preußischen Steckbrief gefährdet gewesen wäre. Alexander von Humboldt hatte sogar nach von ihm vergeblich unternommenen Vermittlungsbemühungen vor einem geplanten Berlin-Besuch ausdrücklich warnen müssen. So fiel denn Heines Wunsch nach einer medinizischen Untersuchung bei einer dortigen Kapazität der politischen Situation zum Opfer.

Ein öffentlicher Erbschaftsstreit mit seinem Vetter Carl Heine in Hamburg, dem Erben und bisherigen jüngeren Freund, stellte unter Beweis, dass Heine gewissermaßen keine Verwandten kannte und jede familiäre Verlogenheit oder Heuchelei durch eine von vielen hochmögenden Freunden wie Varnhagen oder den Fürsten Hermann von Pückler-Muskau klug austarierte Öffentlichkeit zu übertrumpfen wusste. Das war nicht gerade das angenehmste Lehrstück, denn es war mehr als kraftraubend. Die bald danach einsetzende und wahrscheinlich dadurch rapide beförderte achtjährige Bettlägerigkeit, seine von ihm poetisch umschriebene »Matratzengruft«, was Robert Gernhardt zu Recht als »Donnerwort« Heines bezeichnete, wurde trotz allen Leidensdrucks zur öffentlich gemachten grandiosen Abdankung, die ihm so leicht niemand nachzuahmen versteht.

Spektakuläre Begegnungen für die Nachwelt hatten sozusagen durch seine Bekanntschaften aus Literatur und Musik in der Luft gelegen: George Sand und Frederic Chopin etwa, die Prinzessin Belgiojoso, Emigrantin aus Italien, Hector Berlioz, Franz Liszt oder Alexandre Dumas, Victor Hugo, Honoré de Balzac, aber auch sein Übersetzer Gérard de Nerval und viele andere gehörten zu seinem Bekanntenkreis. Sein Französisch war gut, taugte ihm aber trotz aller sprachlichen Feinfühligkeit nicht für die originäre poetische Niederschrift, so dass er sich immer auf andere verlassen musste. Besonders wichtig war auch das Zusammentreffen mit den weiteren Emigranten oder Gästen aus Deutschland. Ludwig Börne gehört natürlich dazu, aber auch Richard Wagner, dann der junge Karl Marx oder Ferdinand Lassalle. Dass er mit dem Gegenteil, sprich mit den

Kontrahenten solcher Kritiker des Kapitalismus ebenfalls Umgang pflog, nämlich mit dem Pariser Hause Rothschild und zumal mit der von ihm sehr verehrten Frau des Bankiers, zeigt uns einen Dichter in völliger Unbefangenheit und ohne Berührungsängste, der die menschliche Gesellschaft mit ihren krassen Gegensätzen zur Kenntnis nimmt, ihre Kreise sich einfach wild kreuzen lässt und darüber Formulierungen findet, die bis heute wegen ihrer brillanten Brisanz aufhorchen lassen.

Er machte, um es rheinisch zu sagen, kein Gedöns um seine elende Syphilis-Erkrankung. Ganz Europa war damals durchseucht und die ehrbar nachfolgenden Generationen hatten, was den Patienten Heine betraf, denn doch manche Bedenken anzumelden und ihre liebe moralische Not auszustehen. Henner Montanus hat in seiner umfangreichen Düsseldorfer medizinhistorischen Dissertation »Der kranke Heine« 1995 sämtliches Material der vordem immer schon diskutierten Sache ausgebreitet, blieb in seiner Diagnose jedoch kontrovers. Damit hat der Berliner Neurologe Roland Schiffter 2006 seinerseits fürs Erste und möglicherweise letztgültig zugunsten der Syphilis aufgeräumt, indem er »Vom Leiden und Sterben« Heines unter dem sprechenden Zitat »Sie küsste mich lahm, sie küsste mich krank« ebenso anschaulich wie sachlich berichtete.

Heine litt trotz aller Unmengen des in eine offen gehaltene Halswunde eingestreuten Morphiums, mehr als ein Mensch ertragen kann, an Krämpfen, Koliken, Lähmungserscheinungen und Schlaflosigkeit, versuchte aber mit Erfolg und durch die Poesie den Kopf nicht zu verlieren. Eine junge Besucherin, die Schriftstellerin Elise Krinitz, die er Mouche, also Fliege, nach der Petschaft auf ihrem Ring nannte, bereicherte seine letzten todkranken Monate durch eine von ihm so genannte »Gesundheitsliebe«, da dem Menschen ohne den irgendwie brauchbaren Leib wenigstens die sehnsüchtige Seele geblieben ist. Ob nun am Schluss fromm, bekehrt oder nicht – auf jeden Fall lagen ihm die Menschenrechte sowie die menschliche Würde im Sinn, ohne je seiner prognostischen Begabung, ja der eigenen Skepsis zum Trotz ermessen zu können, wie brutal inhuman die so ersehnte klassisch-romantisch-realistische deutsche Welt sich im Laufe des folgenden Jahrhunderts würde ändern oder wandeln können.

Diesem nationalsozialistischen Wechsel war denn auch Karl Kraus nicht gewachsen und so viele Zunftgenossen aus gleicher Herkunft ebenfalls nicht, die anschließend zum Ruhme des posthum verunglimpften Heine, wenn auch gelegentlich mit einer gewissen Ablehnungsgeste, in die Schranken getreten sind. Denn das hatten sie sämtlich begriffen: dass sie alle von den Folgen seines literarischen Kampfes und seines sprachlichen Glanzes zehrten. Zu diesen nicht immer gar so einfachen Lobrednern gehört etwa Theodor W. Adorno, der Vertreter der Frankfurter Schule, mit seinem ambivalenten Zauberwort von der »Wunde Heine« aus Anlass des 100. Todesjahres 1956. Auch Stephan Hermlin sei genannt, der staatlicherseits auf der anderen, östlichen Seite stand. Dazu zählt weiterhin Hans Mayer, der die deutschen Fronten von Ost nach West wechselte, sich unter anderem auf die Seite der literarischen »Außenseiter« schlug und somit Heines Judentum, Platens Homosexualität und die Minderstellung der Frauen thematisierte. Aber auch der so intensiv vermittelnde Siegbert S. Prawer im englischen Oxford, der aus Köln gebürtig war, und der ebenfalls vor Witz sprühende Walter Grab, Emigrant aus Wien, der in Tel Aviv das Institut für Deutsche Geschichte gründete, sind hier zu nennen. Als Jude und Dissident spielt Lew Kopelew bei der Vermittlung Heines gerade auch im deutschen Sprachraum eine bedeutende Rolle. Sowohl für seine russische Heimat, aber auch für die Bundesrepublik, indem er »Heinrich Heines Leben und Leiden« unter der Hauptüberschrift »Ein Dichter kam vom Rhein« erfolgreich Revue passieren ließ und sein Buch Heinrich Böll, »dem Dichter, dem Menschenfreund« widmete. Unbedingt sei auch der seinerseits stets klare, für Heine so verständnisvoll und anhänglich werbende Marcel Reich-Ranicki erwähnt, der bei mehr als einer Gelegenheit, mit oder ohne Gedenkanlass, z. B. in der »Frankfurter Anthologie«, Heines Lob selbst oder durch andere zu verbreiten wusste. Sie alle halfen nach den Schrecken des Zweiten Weltkrieges, Heines Stellung wieder sichtbar und ihn einem großen Publikum begreiflich zu machen.

Zu den jüdischen Gelehrten mit ihren persönlichen Erfahrungen von Ausgrenzung wie Verfolgung gesellten sich in den letzten Jahrzehnten der Heine-Wirkung seit dem 100. Todestag im Jahre 1956 und dem 175. Geburtstag im Jahre 1972 bis heute zahlreiche andere große west- wie ostdeutsche, dann schließlich wieder gesamtdeutsche und ausländische Vertreter als Deuter hinzu, und zwar nicht nur aus der Literaturwissenschaft: Nur wenige Namen und mit beinahe völliger Auslassung der später eigens zu beschreibenden Heine-Jahre 1997 und 2006 können hier an dieser Stelle, was leider immer ungerecht bleibt, anklingen. Ob Golo Mann, der Historiker und Sohn von Thomas Mann, oder der erste Kulturminister der DDR Johannes R. Becher oder Walter Höllerer, als Hochschulgermanist und Schriftsteller Gründer des Literarischen Colloquiums Berlin, mit seinem frühen Fanal von 1956 »Heine als ein Beginn« und der Politologe Dolf Sternberger, der mit seinem Heine-Buch über die »Abschaffung der Sünde« 1972 Aufsehen erregte, genauso wie der Bonner Großgermanist Benno von Wiese, der sich gewissermaßen am Ende durch Heines »Signaturen« von alten, der politischen Vergangenheit geschuldeten Sünden freizuschreiben suchte, oder Walter Hinck aus Köln, dessen Stimme oft und gerne gehört wurde und der 1990 in Umkehrung der Adornoschen Wendung »Die Wunde

Deutschland. Heinrich Heines Dichtung im Widerstreit von Nationalidee, Judentum und Antisemitismus« beschrieb.

Auch für die folgenden Namen sei betont: Sie stehen zur gleichen Zeit stellvertretend für viele andere. Der Franzose Pierre Grappin gehört dazu, der Italiener Alberto Destro oder der Engländer Terence J. Reed aus Oxford. Unter den Amerikanern der aus Deutschland stammende Jost Hermand sowie der unermüdlich belesene, die undifferenzierte Pro-Heine-Woge umsichtig abwehrende Heine-Kenner Jeffrey L. Sammons aus Yale. Als chinesischer Übersetzer und für Heine tätiger Organisator sei der Pekinger Germanist Zhang Yushu genannt; für Japan das Ehepaar Kenzo und Kuzuko Suzuki sowie der jüngere Hiroshi Kiba. Gelegentlich ist gar nicht zu verstehen, wieso Heine immer noch ein »Opfer« sein sollte, wie es, mit einem Fragezeichen versehen und gar nicht auf die Wirkungs-, sondern auf die Lebens- und Werkgeschichte des Dichters bezogen, der Buch-Titel des so kenntnisreichen Herausgebers der ›klassischen‹ Heine-Ausgabe für alle, nämlich Klaus Briegleb, durch »Versuche über Schriftzüge der Revolution« von 1986 mit Recht zum Ausdruck brachte. Warum konnte Heine gerade nicht zum von Karl Kraus insinuierten Hätschelkind deutscher Erinnerungskultur werden, obgleich er tatsächlich inzwischen alles oder mehr von dem erreicht hat, was das gediegene Weltgedächtnis nur immer ausmacht? Er blieb dennoch wohl stets ein »Rätsel«, um die Titel-Charakterisierung des anderen, historisch-kritischen Heine-Editors von außerordentlichem Gewicht, nämlich Manfred Windfuhr, von 1997 bei seiner Summe zu »Autorprofil, Werk, Wirkung« zu zitieren. Solche Rätselhaftigkeit ist, das gehört zum Trost der insgesamt an Heines Leben und Werk anteilnehmenden akademischen Anwaltschaft dazu, allemal anregender, als wenn der Autor aufgesogen worden wäre von gutmeinendem Einvernehmen und akzeptierter Klassizität.

Zum Erstaunen und Ärger mancher Heine-Freunde hat er es gelegentlich selbst dazu inzwischen gebracht. Wer die Trommel nicht rührt oder für wen sie nicht geschlagen wird, könnte ins Hintertreffen geraten. Das sollte keineswegs geschehen. Deshalb blieb und bleibt es immerhin beim »Fall Heine«, so Reich-Ranicki in seiner erfolgreichen Schrift, die ebenfalls zum 200. Geburtsjahr erschien. An diesem nie ganz aufzulösenden Fall haben sich weitere Generationen von Heine-Lesern abzuarbeiten und mancherlei allzu bekannte, aber auch nach wie vor verborgene Folgen zu bedenken. Zum Glück liegen verlässliche Vorarbeiten für solche zu erwartenden hoffnungsvollen Unterfangen durch das in mehreren Auflagen verbreitete »Heine-Handbuch« von Gerhard Höhn längst vor (1987, 1997 und 2004), der mit dem Dichter die rheinisch-französischen Erfahrungen teilt. Deutsch-französische Voraussetzungen besitzt auch der Kenner des Kulturtransfers von hüben nach drüben, Michael Werner, der bereits 1981 für »Heine in Paris« zusammen mit dem Heine-Institut in Düsseldorf wie Paris tätig war, für die große Heine-Biographie, die er gemeinsam mit Jan-Christoph Hauschild 1997 vorlegte. Ihr ging eine immer noch lesenswerte, kenntnisreiche Heine-Biographie des Schriftstellers Wolfgang Hädecke aus dem Jahre 1985 voraus. Auch Biographen gelangen also an kein Ende. Unverzagt behauptet sich seit 2014 die kundige Heine-Darstellung des u. a. für das Lepsiushaus, Potsdam tätigen Publizisten Rolf Hosfeld mit dem Untertitel »Die Erfindung des Intellektuellen«. Das Heine-»ABC«, so eine dem Alphabet mit entsprechenden Überschriften folgende Veröffentlichung von Christian Liedtke, wie Hauschild Mitarbeiter des Heine-Instituts, aus dem Jahre 2015, verlangt geradezu nach unentwegt ferneren Versuchen, Leben, Werk und Wirkung des Dichters auszubuchstabieren.

Was die Menschen immer interessiert hat, war über die Wissenschaft mit ihren Wechselfällen hinaus die nicht unbedeutende und in manchem Sinne glamouröse Verwandtschaft des Dichters. Unter den Nachfahren seines in Wien zum Freiherrn geadelten Bruders Gustav gab es den bedeutenden Ethnologen Robert von Heine-Geldern, der die Bezeichnung »Südostasien« erfunden hat. Heines Nichte Maria Embden, Tochter seiner Schwester in Hamburg, heiratete in zweiter Ehe den italienischen Principe della Rocca und schrieb unter diesem Namen ein Erinnerungswerk über ihren berühmten Onkel. Die Nichte zweiten Grades aus der französischen Verwandtschaft namens Alice Heine vermählte sich als in den europäischen Hochadel aufgestiegene und mit der damaligen Kulturelite verkehrende Herzoginwitwe Richelieu mit dem Meeresforscher und Fürsten Albert I. von Monaco, was leider unglücklich ausging. In Prousts »Auf der Suche nach der verlorenen Zeit« geistert sie, wie andere höchste Herrschaften auch, motivartig verquickt oder vervielfältigt schattenhaft durch die Seiten. Und Angehörige von Salomon Heines Tochter Friederike Oppenheimer leben in Lübecker besseren Kreisen fort und somit auch in Thomas Manns Roman »Die Buddenbrooks«, von des Senators Schwester Tony nicht gerade integrationsfreudig kommentiert. Viel weiter hätte man es bei gnädiger Anerkennung eigener Leistungen, die sicherlich in Begabung und Schönheit bestanden und obendrein von einigem Vermögen begleitet wurden, wohl auch nach Heines persönlicher Einschätzung angesichts des ihm gemäßen literarischen Sektors in der nachfolgenden Generation nicht bringen können. Er scheint solche Aufstiege, wenn sie zu seinen Lebzeiten geschahen, sogar kritisch-sarkastisch kommentiert zu haben, beispielsweise in den Versen über die Gräfin Gudel von Gudelfeld unter der Überschrift »Hoffart« oder im unterdrückten späten Gedicht »Erlauschtes«, wo die jüdische Heiratspolitik ebenfalls ironisch thematisiert wird. Denn im Vergleich dazu blieb er nun wirklich ein armer Poet und kranker Jude, der sich zwar besser zu

helfen wusste, als er verlautbarte, der allerdings für den literarischen Ort im Weltgedächtnis mit allem Genie und Fleiß selber zu sorgen hatte.

Werk in Jahresringen

Heines gesammelte Werke haben es in ihren Darbietungsfor-
men aus vielen Gründen in sich. Was den Umfang angeht, sind
sie im Prinzip überschaubar. Aber was die Gliederung für das
geneigte Publikum betrifft, ist die Sache nicht gar so einfach
oder selbstverständlich. Wie sehr hatte sich der schon kranke
Heine eine Gesamtausgabe seiner Gedichte und Schriften noch
zu Lebzeiten gewünscht. Daraus wurde nichts. Die variierten
Gliederungspläne waren vergeblich, wenngleich in Amsterdam
bzw. teils in Rotterdam (1854–1861) sowie in Philadelphia (1855–
1861), in verlagsrechtlich damals noch ungeordneten Zeiten,
schon vor seinem Tode zwei unberechtigte deutschsprachige
Heine-Ausgaben zu erscheinen begannen. Der Hamburger Verleger wollte einen günstigeren Markt abwarten, der sich erst ein
gutes halbes Jahrzehnt nach Heines Tod für die rechtmäßige
21 Bände umfassende Originalausgabe der Sämtlichen Werke
in den Jahren 1861–1866 bei Hoffmann und Campe in Hamburg
ergab, die der verlässliche erste Heine-Biograph Adolf Strodt-
mann betreute. 1869 und 1884 folgten zwei Supplementbände
mit letzten Gedichten, dem »Memoiren«-Fragment sowie weiteren Texten, wobei zuvor und auch hier die Briefe eine eigene
Rolle spielten.

Was aber für die Anordnung besonders verzwickt ist, sind
Heines eigene Publikationsstrategien, um nicht zu sagen buch-
händlerischen Kniffe. Diese hängen wiederum eng mit seiner
Art zu schreiben zusammen, gründen auf seiner durch und
durch reaktiven Praxis, durch die er seine Umwelt, das Leben,

die politischen Zustände, die persönlichen Beziehungen in Literatur verwandelt, dabei verschiedene Methoden für unterschiedliche Texte verwendet und schließlich das Ergebnis zur gleichen Zeit im selben Buch ans Licht treten lässt. Schriftstellerische Aktionen und Rollenspiele besitzen ihr eigenes Gewicht, Vorreden tragen den Stempel der nervösen, interpretatorischen Besonderheit an sich. Es handelt sich nicht mehr um eine in Erz gegossene Poesie, sondern um Tagesgeschäfte mit überzeitlichem Anspruch. Der Augenblick ist alles, und die Reaktion in ihrem Heineschen Spontan- oder Sonderangebot wegen der Marktlage und aufgrund der politischen Gegebenheit kann wichtiger sein als die Eingebung durch die Musen oder eine geniale dichterische Ergriffenheit.

Analoge Strukturen, bemerkenswerte Kontinuität

Solche Mixturen waren auch für das Publikum oft genug neu und gewöhnungsbedürftig. Der Autor bietet an, was ihm aus Herz und Feder geflossen ist und bündelt Gedichtzyklen mit erzählender oder journalistischer Prosa. Nimm und lies, wie es in den »Bekenntnissen« des heiligen Augustinus heißt, dessen Konfessionen Heine noch für die eigenen »Geständnisse« als eine von vielen Folien dienten. Wenn der Dichter keine Hemmungen hat, auch nicht solche, sich freigeistig und frivol zu bewegen, soll sich das Publikum an einen solchen Gemischtwarenladen einfach gewöhnen. Und die Kritik war im Negativen wie im Positiven durchaus bereit mitzuspielen. Wie auch immer die Reaktionen ausfielen, soviel ist festzustellen, dass von der Titelgebung, bei der auch Campe sein gutes Gespür entgegen einigen gelegentlich forschen Fehleinschätzungen unter Beweis stellte, bis zur Textabfolge alles fein komponiert wirkt und nichts dem Zufall überlassen bleibt. Für den

Werk in Jahresringen

kinderlosen Heine sind seine Veröffentlichungen der die eigene Gegenwart überdauernde quirlige Nachwuchs in Jahresringen: Schmucke Bäume wachsen heran; ein Wald aus Poesie und lebenswichtiger Freiheit wird geboren. Die Publikationen sind jeweils neue Botschaften zu variationsreichen Themen einer Moderne, die das Selbstbewusstsein pflegt und rigoros gegen jegliche Form von Unterdrückungsmechanismen angeht. Insofern ergibt sich ein wachsendes Werk mit untergründigen Zusammenhängen und wie von Anfang an geplanten lebendigen Mustern und deutlichen, überaus analogen Strukturen.

Es wird, wie gesagt, denn doch nichts dem Zufall überlassen, ob in Vers oder Prosa. Wohl ist darauf zu achten, dass man sich in diesem mehrstöckigen Geschäft mit seinem gemischten bzw. zusammen angebotenen Material nicht verhält, als gäbe es nicht Waren aus verschiedenen Lebensaltern und von unterschiedlicher Qualität. Und als wäre das eine nicht schwergewichtiger als manches andere. Es ist nichts veraltet, sondern das eine nur gesetzter, das andere, als sei es für morgen erfunden. Dennoch wird Heine, entgegen seiner von anderen, aber gerade auch von ihm selber stets berufenen Jugendlichkeit, gezwungenermaßen älter, verändert sich selber und zieht dabei seine Schreibprozesse mit sich, selbst wenn der rote Faden bleibt und die immer wieder zu betonende Idee eines revolutionären Erbes mit liebenswürdigem Gesicht aus Hoffnung und Glückserwartung für alle nie aufgegeben wird. Aber selbst im heiteren Paris muss er sich mit dem Sterben abfinden, in seinem Fall sogar mit einem langandauernden und vor den Augen der Öffentlichkeit vollzogenen Siechtum. Seine frischen Jugendtexte sind mit den mittleren intellektuellen Diskursen und scharfen Poemen oder den späten, der Krankheit abgerungenen Schöpfungen deshalb nicht zu verwechseln. Man darf nicht so tun, als gäbe es nicht verschiedene Ordnungskriterien oder Behälter für dieses Gesamtwerk, dessen Einheit trotzdem vor facettenreicher Überwältigung strotzt und eine bemerkenswerte Kontinuität besitzt.

Anordnung und Werkfolge

Heine-Ausgaben folgten einander in großer Regelmäßigkeit. Mit anderen Worten: Man kam mit dem Autor an kein leichtes Ende. Auch zeigt sich, um den oben bereits ausgerollten Faden der Gelehrsamkeit aus jüngerer Zeit hier wieder aufzugreifen und nach unten auszuwerfen, um ihn auf diese Weise zu verlängern, dass von Beginn an durchaus literarische Persönlichkeiten oder germanistische Fachgelehrte von Format sich seiner angenommen haben. Genauso wäre es verfehlt, beim Blick auf die Heine-Ausgaben die Verlagslandschaft in Qualität und Streuung mutwillig zu schmähen, was bereits eine unvollständige Auswahl des nicht zu beklagenden Heine-Angebots deutlich macht. Sein jungdeutscher Freund Heinrich Laube, lange Zeit Direktor des Wiener Burgtheaters, hat sich 1884–1888 um eine sechsbändige Prachtausgabe verdient gemacht, die bei Bensinger in Wien erschien. Gustav Karpeles, der als Redakteur von »Westermanns Monatsheften« in den Jahren 1878–1883 beispielsweise auch für Fontane wichtig wurde und seit 1890 für die »Allgemeine Zeitung des Judentums« zuständig war, setzte sich als einer der großen jüdischen Literaturkenner seiner Generation unermüdlich für Heine ein. Die Ausgabe erschien in neun Bänden 1887 bei Grote in Berlin und erlebte bis zu seinem Todesjahr 1909 drei Auflagen. Zur selben Zeit, 1887–1890, kam die erste kritische und lange Zeit maßgebliche Ausgabe der Sämtlichen Werke des Leipziger Bibliographischen Instituts in sieben Bänden heraus, betreut vom exzellenten Heine-Spezialisten und Vermittler seiner Persönlichkeit wie seines Schaffens auch im Sinne einer vorbildlichen Nach-lass-Pflege, nämlich von Ernst Elster, der in Leipzig und Marburg Professor für deutsche Literatur war.

Sehr unkollegial und abwertend spielt Karl Kraus auf die von 1910–1920 erschienene noble Ausgabe in zehn Bänden mit einem nicht unwichtigen Registerband des Insel-Verlages in Leipzig an, deren Plan er in seinem Pamphlet offenbar bereits für völlig überflüssig und überzogen hielt und die Oskar Walzel, Germanist in Bonn, feinsinnig verantwortete. Ihr waren die ebenfalls zehn Bände umfassenden Sämtlichen Werke im Leipziger Tempel-Verlag, herausgegeben vom Göttinger Literaturhistoriker Rudolf Unger, in den Jahren 1909 und 1910 vorausgegangen. Als weiterhin wichtige elfbändige Ausgabe seien jene Sämtlichen Werke erwähnt, die während der Weimarer Republik von 1925–1930 im Münchener Georg Müller Verlag erschienen und vom Literarhistoriker Fritz Strich herausgegeben wurden, der zunächst in München, dann in Bern tätig war. Kurz zuvor, in den Jahren von 1921–1926, erblickten bei Hoffmann und Campe in Hamburg, dem Stammverlag, die zwölf Bände umfassenden Werke in Einzelausgaben das Licht der Welt, herausgegeben von Gustav Adolf Erich Bogeng. Deren bedeutender Mitarbeiter Erich Loewenthal, der die beiden Bände mit dem lyrischen und dem Prosanachlass bearbeitet hatte, wurde von den Nazis ermordet. Er war nicht das einzige Opfer unter den Heine-Experten.

Durch das Dritte Reich hatte die Heine-Forschung insgesamt Rückschläge zu erleiden, die bis lange nach dem Zweiten Weltkrieg nachwirkten. Als nennenswerte editorische Leistungen vor den beiden großen wissenschaftlichen Ausgaben in Ost und West, die jeweils mit internationaler Beteiligung entstanden sind und gleich im Anschluss noch eigens hervorgehoben werden müssen, seien für die DDR die von Hans Kaufmann im Ost-Berliner Aufbau-Verlag betreute zehnbändige

Heine-Ausgabe, zuerst 1961–1964, und die in der Bundesrepublik und bis in die Gegenwart hinein sehr verbreitete und
verdienstvolle Ausgabe von Klaus Briegleb aus dem Münchener Hanser-Verlag mit ihrem differenzierten Register von Personen, Sachen und Chiffren, zuerst 1968–1977 in sechs, in Ta-
schenbuchausgaben verdoppelten Bänden, dankbar genannt.
Es zeigt sich jedenfalls allein schon aufgrund solcher Reihung,
dass die Literaturwissenschaft, soweit sie sich selber tummeln
konnte wie sie wollte, um Heine keineswegs einen Bogen gemacht hat, wenngleich bei ihm manches schwieriger oder später verlief.

Um Ordnung in die Abfolge seiner Schriften zu bringen, die
in den genannten Ausgaben teilweise chronologisch, teilweise
nach Gattungen ediert wurden, hat man sich beispielsweise in
den 15 Bänden der maßgebenden Düsseldorfer historisch-kritischen Ausgabe der Werke Heines aus dem Verlag Hoffmann
und Campe, in Verbindung mit dem Heinrich-Heine-Institut
1973–1997 herausgegeben von Manfred Windfuhr, nicht zu Un-
recht auf die erkennbarsten Gattungen bezogen: Sprich den
drei Lyrik-Bänden »Buch der Lieder«, »Neue Gedichte« und
»Romanzero« samt der später in den »Vermischten Schriften«
von 1854 erschienenen Folge »Gedichte. 1853 und 1854« sowie
Umkreis- und Nachlassgedichten folgen im vierten Band die
Versepen »Atta Troll. Ein Sommernachtstraum« und »Deutschland. Ein Wintermärchen«; darauf in Band V die beiden Tragödien »Almansor« und »William Ratcliff« sowie die drei Er-
zählwerke »Der Rabbi von Bacherach«, »Aus den Memoiren
des Herren von Schnabelewopski« und die »Florentinischen
Nächte«; dann in Band VI–VII die vier »Reisebilder«-Bände;
in Band VIII die Darstellung »Zur Geschichte der Religion
und Philosophie in Deutschland« sowie das literarhistorische
Buch »Die romantische Schule«, die beide über die geistigen
Voraussetzungen in einem von vielen speziellen Gruppeninter-

essen dominierten Deutschland handeln. Die mythologischen Texte mit den »Göttern im Exil« und der »Göttin Diana« sowie sein »Tanzpoem« »Der Doktor Faust«, in dem Mephistophela ihr Wesen treibt, folgen in Band IX; die Arbeit über »Shakespeares Mädchen und Frauen« mitsamt den kleineren literaturkritischen Schriften wie »Der Schwabenspiegel« mit seiner satirischen Abrechnung in Band X; die Denkschrift über Börne unter Einschluss der kleineren politischen Schriften wie dem Schreiben »An eine hohe Bundesversammlung«, »Über den Denunzianten« und »Schriftstellernöten« in Band XI; die Schriften über Frankreich mit der Betrachtung »Französische Maler. Gemäldeausstellung in Paris 1831«, den »Französischen Zuständen« und »Über die Französische Bühne. Vertraute Briefe an August Lewald« in Band XII. Dann schließen sich in den Bänden XIII und XIV die beiden Bände der »Lutetia« an, die ursprünglich die letzten zwei Bände der dreibändigen »Vermischten Schriften« darstellten. Und schließlich bilden die autobiographischen Verlautbarungen »Geständnisse« aus dem ersten Band der »Vermischten Schriften« und das nachgelassene, erst spät veröffentlichte »Memoiren«-Fragment samt Umkreis-Texten den Band XV. Ein XVI. Band bietet Nachträge und Personen-Register.

Unsere eigene Würdigung des Gesamtwerks Heines in diesem Rahmen wird verständlicherweise nicht alles berücksichtigen können, leider manche kostbare Lücke in Kauf nehmen müssen und gelegentlich eine etwas andere Reihenfolge beanspruchen, weil hier manches nur angedeutet werden kann und andere Schwerpunkte zu setzen sind. Es sei einfach auf das leicht greifbare »Heinrich-Heine-Portal« des Kompetenzzentrums Trier und des Heinrich-Heine-Instituts Düsseldorf verwiesen, das dem Werkangebot wie dem Briefbestand technisch versierte Rechnung trägt.

Briefe

Ganz unter den Tisch fallen dürfen nämlich bei solcher Gelegenheit die wunderbaren Briefe nicht, die gelegentlich mit
den Schriften wetteifern. Die Familien-, Freundschafts-, beruf-
lichen wie diskursiven Stellungnahmen gewannen unter seiner
Feder ihr herrlich nacherlebbares Eigenleben. Spontane Literatur sozusagen gemischt mit Absichten und Rücksichtnahme
auf die Empfänger. Er weiß genauso über sich selber Klage zu
führen, seine gesundheitlichen Attacken und seine Erlebnisse
zu schildern wie Anteil zu nehmen und zu trösten bei den unweigerlich aufeinander folgenden Verlusten von Menschen,
die vorausgingen. In den Briefen verlässt ihn oft genug jede
höfliche Verstellung. Ehrlich gesteht er dem Arztbruder Maximilian am 12. September 1848, dass das Leben »auf immer
verloren« sei; »und ich liebe doch das Leben mit so inbrünsti-
ger Leidenschaft«. Jeglicher Genuss von Naturanblick, Frauen-
liebe und gutem Essen sei vorbei: »Ich kann weder kauen noch
kacken, werde wie ein Vogel gefüttert. Dieses Unleben ist nicht
zu ertragen.« Es gab sie in der Tat bei ihm in den letzten Le-
bensjahren derart lähmend, jene Zeiten der Krämpfe und der
Unbeweglichkeit, dass auch seine Briefe von Schreiberhand
gefertigt werden mussten. Aber bis hin zu den kleinen trotzdem zwischendurch mit großen weichen Bleibuchstaben auf
Zettel geworfenen Billets aus der Spätzeit verraten sie sein ihm
aufgetragenes Schreibamt, wie er es auffasste und treu versah.

Die Briefe von Heine wie die an ihn sind in der großen
Weimarer Heine-Säkularausgabe dokumentiert, die als ostdeutsche wissenschaftliche Leistung der Klassikerstätten seit
1970 etwas früher einsetzte als die westdeutsche Düsseldorfer
Werkausgabe (die Weimarer Ausgabe trägt den Akademie-Ver-
lag Berlin und das Centre National Recherche Scientifique Paris im Impressum, hat die Wende überstanden und liegt bis

auf einen kleinen noch zu vollendenden Rest ebenfalls komplett in einer imposanten Folge von etwa 30 Bänden vor). Die Säkularausgabe bietet den ganzen Schriftsteller als Dichter und Repräsentanten seiner Zeit. Heute sind beide Ausgaben, die aus Düsseldorf wie die aus Weimar, nebeneinander unentbehrlich, auch durchaus der Werkteil der Säkularausgabe, der seinerseits dankenswerterweise sehr deutlich macht, dass es sich bei Heine eben doch um einen großen, ausgesprochen deutsch-französischen Autor handelt. Dass seine vorzügliche Begabung zum Brief mit Händen zu greifen ist, soll hier gern als Lesehinweis verstanden sein, weil dort ständig Entdeckungen zu machen sind. Die Briefschaften sollte man nicht nur als eingebürgerte Quelle benutzen. Sie verfügen über ihren eigenen Wert, stellen den autobiographisch privaten Brunnen dar, aus dem sich endlos schöpfen lässt. Das darf man füglich auch für viele der Briefe an Heine behaupten. Hier findet ein Geben und Nehmen statt, auf das eine interessierte Nachwelt nicht leichtfertig verzichten sollte.

Dass vor allem die Jagd nach den Briefen Heines (während die Briefe an ihn ja zumeist in seinem Nachlass schlummerten) einen eigenen Roman darstellen, muss bei dieser Gelegenheit wohl nicht eigens betont werden. Dem aus jüdischer Familie stammenden österreichisch-französischen Germanisten und Heine-Forscher Friedrich Hirth, nach dem Zweiten Weltkrieg am Ende seiner Laufbahn für kurze Zeit Komparatist in Mainz, kommt das große Verdienst zu, den wachsenden, weit verstreuten Reichtum der Heineschen Briefkunst dokumentiert zu haben. Seine erste Gesamtausgabe der Heine-Briefe erschien in drei Bänden mit Beginn des Ersten Weltkrieges bis kurz darüber hinaus von 1914–1920. Die dann von ihm als erste Gesamtausgabe nach den Handschriften allzu detailfreudig erläuterte Sammlung in sechs Bänden kam erst nach dem Zweiten Weltkrieg von 1950–1957 heraus (fotomechanischer Nachdruck in zwei Bänden 1965). Erfolg und Verspätung, wie so oft bei Heine, zugleich. Damit war freilich der Grund gelegt für die Säkularausgabe, die ihrerseits auf noch mehr Material zurückgreifen konnte und obendrein die Briefe an den Dichter enthält. Ja, bis heute und auch in Zukunft kann es geschehen, dass neben Briefautographen von bekannten Texten gelegentlich auch gänzlich unbekannte Briefe an manchmal bisher nicht namhaft gemachte Adressaten auftauchen. Solche willkommenen Überraschungen vermochten bisher das Heine-Bild als solches nur zu variieren, nicht grundsätzlich zu ändern.

Auf die Werke im Gewand der Düsseldorfer und die Brieftexte laut der Weimarer Ausgabe lässt sich inzwischen, wie oben bereits vermerkt, leicht im »Heinrich-Heine-Portal« zugreifen. Dieser Trost kann allerdings nicht darüber hinwegtäuschen, dass es bei aller technisch unterstützten Erleichterung, so dass man in Ehrfurcht vor den Leistungen der Kombinationsfähigkeit und Belesenheit früherer Generationen erstarrt, weiterhin der eigenen Lektüre, des Suchens, des Finderglücks und der Kombinationsgabe samt eines richtigen Verständnisses für den jeweils zu ermittelnden Sinn der Texte bedarf.

Einzeldarstellungen der Werke in acht Etappen

Tragödien

Heine beginnt mit Gedichten, fühlt sich aber nach zeitgenössischem Vorbild, wie damals offenbar nicht anders vorstellbar, ebenso zum Dramatiker geboren. Durch seine Lyrik, zumal aus den Jugendjahren, wird er im Laufe der Zeit weltbekannt. Dabei wäre gerade auch bei den späteren Gedichten manches zu entdecken, was den ersten, geradezu begeistert aufgenommenen Tönen weit überlegen ist. Doch jeglicher Ruhm ist ungerecht und überdeckt manche gleichzeitigen oder folgenden Taten. Möglicherweise deshalb sind seine Tragödien, leider über ein ungebührliches Maß hinaus, an den Rand gerückt, ja beinahe vergessen, zu sehr, möchte man ergänzen, obgleich man sich daran gewöhnt hat und sich darauf beruft, dass die zeitgenössische Präsenz auf der Bühne an mangelnder Anteilnahme gescheitert sei. Denn beide Stücke enthalten trotz dieser bitteren eigenen Erfahrung durch und durch seine später entfalteten lyrischen wie prosaischen Motive und Anliegen. Beide Dramentexte würden sich zweifellos bei intelligenter Inszenierung als Geniestreiche aus den 1820er Jahren darbieten lassen.

Aus beiden Tragödien haben im einen Fall eine spätere Charakterisierung des Autors von Klassenunterschieden und im andern ein unter die Haut gehender Satz für viele Anlässe des Gedenkens, die Bücherverbrennung in Deutschland von 1933 und sonstige Untaten in aller Welt betreffend, überlebt. »Almansor« heißt das erste, in Bonn entstandene Stück aus der spanischen Zeit der Wiederherstellung des Christentums nach der Vertreibung der Mauren. Heine nimmt diesen Konflikt aus Liebe und Tod zum Anlass des Rollenspiels: Der jugendlich-jüdische Verfasser scheint in die Gestalt des muslimischen Titelhelden zu schlüpfen, der seine verlorene, inzwischen zur Kirche konvertierte Braut wiedergewinnen will und sei es durch die eigene Konversion. Das private Glück ist lebenswichtiger als Form oder Name der Religion. Ein falsch verstandener Rettungsversuch wird zum Anlass für den gemeinsamen Tod. Romeo und Julia in unsterblicher Liebe endlich vereinigt, über alle ideologischen Grenzen hinweg. Der Satz, der dem aus Nordafrika zurückgekehrten Almansor durch den alten Diener Hassan den inquisitorischen Schrecken jener Zeit samt einer Verbrennung des Korans auf dem Marktplatz in Granada er-

klärt, lautet: »Das war ein Vorspiel nur, dort, wo man Bücher /
Verbrennt, verbrennt man auch am Ende Menschen«.

Und die Erklärung zur in Berlin geschriebenen Jugendtragödie »William Ratcliff«, die in Schottland spielt, bringt anlässlich der dritten Auflage der »Neuen Gedichte« vom 24. 11. 1851
das angebliche Erkenntnisziel auf den Punkt von der großen
»Suppenfrage, worin jetzt tausend verdorbene Köche herumlöffeln, und die täglich schäumender überkocht«, die es demnach zu bewältigen gilt, damit alle Menschen ernährt werden.
Diese ausgreifende Würdigung der Tragödien sei hier am Platz,
nicht weil wir alles von Heine Stammende als Reliquie oder
nachträgliche Koryphäe zu verehren hätten, sondern weil Vergessenes durchaus einen Kontext zukünftiger Problematik zu
evozieren vermag.

»Buch der Lieder«

Den eigentlichen Erfolg bis heute erzielte Heine mit seinem
anfangs nur skeptisch von ihm selbst betrachteten »Buch der
Lieder«, das darum als gewissermaßen folgenreichste Tat auch
größeren Raum beanspruchen darf. Dieses kam 1827 wie nebenher beim neu in Hamburg gewonnenen Verlag Hoffmann
und Campe als schmucke Sammlung von beinahe sämtlich
vorher bekannten und in Buchform sowie in Zeitschriften gedruckten lyrischen Zeugnissen heraus. Immerhin hatte es ein
Berliner »Gedichte«-Bändchen beim Maurer-Verlag schon 1822
und die ebenfalls in Berlin bei Dümmler erschienenen »Tragödien, nebst einem lyrischen Intermezzo« bereits 1823 gegeben.
Und auch die Auftakt-Bände seiner frisch und wenig fromm
im Jahr zuvor bzw. gleichen Jahr daherkommenden beiden ersten »Reisebilder«-Bände, derer sich Julius Campe angenommen hatte, warteten mit Lyrik auf, wobei sie insgesamt eben-

falls dem Prinzip der Sammlung von vorher in Zeitschriften erschienenen Beiträgen verpflichtet waren.

Jedenfalls konnten weder Verfasser noch Verleger ahnen, dass gerade dieser reine Lyrik-Band den Nerv seiner Zeit traf und nach langsamem Start während eines sich an die neue, aber keineswegs unbekannte Sprechart gewöhnenden Jahrzehnts den überwältigenden Welterfolg hinlegte, wie er kaum seinesgleichen findet. Allein zu Heines Lebzeiten erschien das »Buch der Lieder« in dreizehn Auflagen. Den materiellen Erfolg des engagierten Verlages führte Heine ironisch auf eben dieses mit der klassischen Lyra auf dem Titelblatt versehene romantische Flaggschiff seines Erfolges zurück. Es zeigte sich in der Tat, dass sich nicht nur eine Anhängerschaft an eingängige und keinesfalls leiernde Lyrik, sondern auch insgesamt Künstler wie Musiker dieses Fundus an klangvollen Versen und eingängigen Motiven nur allzu gern und zwar bis in unsere Gegenwart bedient haben. Nur selten brach im weltliterarischlyrischen Vorrat das männliche Herz so süffisant sentimental »entzwei« wie im klangvollen »Buch der Lieder«.

Der Band stellt eine sich steigernde Summe mit spürbarer Entwicklung dar, lebt von seinen Zyklen und in diesen vom jeweils angeschlagenen Ton und dessen Echo in mancherlei Variationen, will sagen: die Texte brauchen sich teilweise gegenseitig, bilden Dialoge und dann wieder einen Chor, dem man gerne lauscht. Von besonderem Interesse sind die Vorreden zur zweiten, dritten und fünften Auflage vom Februar 1837 und 20. Februar 1839 jeweils aus Paris sowie die eher kurze Vorbemerkung vom 21. August 1844 bei seinem zweiten Hamburg-Besuch. Hier wird deutlich, dass Heine sein eigenes Schaffen durchaus historisch zu betrachten verstand. Er war zwar selbstverliebt, aber nicht so dumm, seine Bedingungen im Alterungsprozess der Kulturlandschaft nicht einzukalkulieren.

Nicht umsonst zitiert er beim ersten Mal den österreichischen Humoristen Ferdinand Raimund, der sich das Leben genommen hat, mit dem Satz von der noch so schön scheinenden Sonne, die am Ende untergehen muss. Heine weiß, was Melancholie bedeutet. Individuelle Veränderung und Welthistorie sind miteinander verquickt und keinesfalls aufzuhalten. Den Zuständen ist durch Verse zu begegnen, aber nicht unbedingt beizukommen. Er war dem Gesang der Nachtigall von Liebe und Liebesweh verfallen, wurde zum Opfer der Sphinx, vermochte die Welträtsel jedoch nicht zu lösen. Das hat er über den »Märchenwald« und in Versen 1839 geschrieben, obgleich er alles, wie es in der besagten Vorrede heißt, »sehr gut in guter Prosa« hätte sagen können, worüber sich Kraus wiederum lustig macht und die bewusste Journalistenkeule schwingt.

Die fünf Zyklen tragen ihrerseits sprechende Namen. Bis zur endgültigen Form hat Heine an den Gedichten gearbeitet und gefeilt. Es wurde nichts dem Zufall oder bloßen Einfall überlassen. Wie in den Prosamanuskripten verraten auch die lyrischen Entwürfe den Kenner mit Sinn für Schnoddrigkeiten und Extravaganzen. Den »Jungen Leiden« folgt das »Lyrische Intermezzo«. »Die Heimkehr« hat in der Tat so etwas wie die Rückkehr in den »Schoß der Familie« zum Anlass, wovon er gerne sprach. Hier haben so ziemlich am Anfang seine Strophen über die männermordende Loreley ihren Platz gefunden, aber auch gegen Ende drei eindrucksvolle Balladen, die jeweils einzeln jüdisch-christlich-islamische Glaubenserfahrungen oder -haltungen spiegeln. Sagen und religiöse Traditionen bilden gleichermaßen den Ausgangspunkt für eine Selbstverortung, die der Dichter immer auch für seine Leserschaft als Wahlmöglichkeit unterschiedlichster Maximen zur respektvollen Diskussion stellt.

Heine scheut sich nicht vor Ungewohntem oder Anderem. Er hat keine Berührungsängste. Er geniert sich nicht, innerhalb der Prosa, weil das Herz zu voll ist, in Verse zu verfallen, wie es beispielsweise der Romantiker par excellence Joseph von Eichendorff genauso tat. Deshalb die Gedichtfolge »Aus der Harzreise« mit ihrer zweiten »Bergidylle« etwa, die als Goethesche Gretchenszene eine anspruchsvolle Botschaft von der schaffenden, liebenden und revolutionären göttlichen Trinität enthält, wobei die ursprüngliche Bedeutung von Worten als Wertbezeichnungen wieder eruiert, benannt und eingefordert wird. Aber auch die Entdeckung der »Nordsee« ist bewundernswert, weil sie seine wahrlich deutsche Spezialität darstellt. Seit der mittelalterlichen »Kudrun« hatte die deutsche Literatur, wenn in ihr vom Meer die Rede war, das Mittelmeer besungen. Die noch viel zu wenig gewürdigten Prosagedichte mit ihren hinreißenden Bildern und thematischen Exkursionen bilden das Gegengewicht zu den meist knappen lyrischen Exempeln mit ihrer Reimfreude.

»Neue Gedichte« und »Romanzero«

In schönen Versen sei zu viel gelogen worden, weiß Heine. Dennoch bleibt er der lyrischen Gattung bis zum Lebensende treu und versucht in ihr so ehrlich wie möglich zu sein. Zwar schließt der erste Zyklus der »Neuen Gedichte« von 1844 unter der Überschrift »Neuer Frühling« an das »Buch der Lieder« an. Doch von solcher natur- wie liebeslyrischen Ferne zur Politik, ja gelegentlich selbst zum Leben, was bei aller ironisch-freizügigen Besonderheit des in der Mehrheit harmlosen Aufgebots dieses poetischen ersten Dauerbrenners durchaus gesagt werden kann, sind die sonstigen Schöpfungen in beiden späteren Sammlungen und danach erschienenen oder ungedruckt gebliebenen Gedichten nun wirklich nicht mehr. Sie wirken oft genug als ebenso mutige wie kühne Waffen im Kampf um die Verbesserung unserer menschlichen Bedingungen, sind erwachsen oder mündig geworden als Protest ohne jede verquere Tendenz. Von den falschen Gefühlen des Fräuleins, das beim Sonnenuntergang am Meere seufzt und deren Lächerlichkeit zur Entmythologisierung der Naturerlebnisse in Heines Schreiben beiträgt, zum Angriff auf unmenschliche Verhältnisse in Politik und bürgerlichem Machtgefüge ist nur einer von vielen Schritten, die zur subversiven Aufklärung auf bissig humoristische Weise führen.

Der zweite Zyklus unter der damals skandalösen Überschrift »Verschiedene«, weil dadurch Großstadtliebe und wie auch immer zustande gekommener, als selbstverständlich angesehener Wechsel der Beziehungen thematisiert wird, steigert jene romantisch bitter-süße Liebe aus Anbetung und Begehren der Einzigen zur Erfahrung von Übersättigung und Resignation mit vielen Verschiedenen. Die zahlreich wechselnden Frauennamen – von Seraphine über Emma bis zu Katharina verläuft der Bogen – wurden ihm in der Kritik als eigene Weiberwirtschaft vorgeworfen, enthalten jedoch selber Botschaften einer Frauenemanzipation, von der die Gesellschaft damals weit entfernt war. Wie sich in Mozarts »Don Giovanni«, der Höllenfahrt eines Erotomanen, kein aristokratisches Rokoko mehr findet, wohl aber ihr Abglanz, so enthalten die »Verschiedenen« keineswegs mehr auch nur den geringsten Schimmer eines zeitgenössisch biedermeierlichen Juste milieu, deren Ausdruck sie dennoch sind. Sie weisen weit darüber hinaus. Ganz abgesehen davon, dass in zugehörigen eigenen Gruppen einige der schönsten Strophen Heines verborgen sind wie »Ich hatte einst ein schönes Vaterland«. Der hohe »Eichenbaum«, die sanften »Veilchen«, der deutsche Kuss und das Liebesgeständnis »auf deutsch« – am Schluss jeder der beiden Strophen klingt »In der Fremde« (so die Überschrift dieser Dreiergruppe von Gedichten) als Refrain das unabänderlich melancholische Echo: »Es war ein Traum.«

Denn immer sind hier Tiefenstrukturen vorhanden, die mit Tändelei oder purer Sexbesessenheit nichts zu schaffen haben, zumal die Feinheiten der Ironie hinzukommen, wie beim eben bereits herbeigerufenen bekannten Gedicht »Das Fräulein stand am Meere« als Nr. X der fünfzehn »Seraphine«-Gedichte. Es geht immer auch um die Umwertung alter Überlieferungen zu einer erträglichen wie verständlichen Gegenwart. Darum etwa wird in der Liebe und in den Küssen die neue Kirche auf dem einsamen Felsen des Badeaufenthalts sowie das dritte Neue Testament beschworen, das endlich mit der bisherigen dummen »Leiberquälerei« aufräumt, wie es im VII. »Seraphine«-Gedicht heißt, oder in der Legende »Der Tannhäuser«, die auf Richard Wagner anregend gewirkt hat, der unerlöste Liebeswahnsinn besungen. Ob nicht doch ein früher Symbolismus um sich greift und die so manchen attraktiven Angeboten ausgelieferte Sucht zur abgeklärten Erfahrung geworden ist, wobei es dem Aschermittwochsgefühl bereits um jene Ewigkeit zu tun ist, um die es später Nietzsche ging? Die von Heine ins Gedicht gebannten Erlebnisse bedeuten mehr als dass sie nur die raschen Vibrationen festhalten. Das alles ungeniert und ohne ehrpusselige Kinderverwahranstaltsattitüden.

Den »Romanzen« folgen nach einem späteren Einschub »Zur Ollea«, wie nach spanischem Rezept gemischten Texten, die angriffslustig offenen »Zeitgedichte« mit den berühmten »Nachtgedanken« (»Denk ich an Deutschland in der Nacht«) am Ende. Vaterlands- und Mutterliebe, Emotion und Tränen bestimmen sein Exil und viele schlaflosen Nächte, wenn er an Deutschland denkt. Das sind nicht bloße Tiraden oder Jammerlappigkeiten, sondern Klagen, die von Herzen kommen und zu Herzen gehen. Solche Zeilen wurden auch für spätere Zeiten für viele Emigranten zur Jeremiade, womit sich Heine in der Tat von früh an auskannte. Nicht nur diese letzten, sondern alle lyrischen Behandlungen von Zeit wie zeitgenössischen Fakten enthalten gleichzeitig jenen Biss, wodurch der politische Heine seine Bedeutung neben dem Versepos »Deutschland. Ein Wintermärchen« festgeschrieben hat. Einiges konnte in die Bücher erst gar nicht aufgenommen werden, weil von vornherein das Verbot drohte. So erschien beispielsweise das berühmte Gedicht über »Die schlesischen Weber« mit der Anfangszeile »Im düstern Auge keine Träne« und dem jeweiligen Refrain »Wir weben, wir weben!« als Flugblatt und nur in einer progressiven Zeitschrift, nicht aber im dafür passenden Zyklus der »Zeitgedichte«. Wie hier die in den Freiheitskriegen beschworene Trias von Gott, König und Vaterland durch Rede und Rhythmus angeklagt und jenes Überlebensglück eingeklagt wird, auf das der Mensch auch in erniedrigter Würde nach Heinescher Meinung einen Anspruch hat, gehört zu den Großtaten seiner Verse.

Über den »Romanzero« von 1851 wurden oben bereits einige Hinweise eingestreut, so dass dieses mit enormem werbemäßigen Aufwand in besonders gestaltetem Umschlag erschienene Werk aus den ersten Krankheitsjahren, das seinem Publikum anfangs freilich fremd blieb und die gespannten Interessenten nicht unbedingt befriedigte, sondern erst in jüngerer Zeit seinen Wert unter Beweis zu stellen wusste, hier mit nur dürftigen Worten angesichts der Kunst seiner Gliederung und hinreißenden historischen wie individuellen Bezügen angepriesen werden muss.

Doch auch die nicht mehr in einem eigenen Lyrikband und schon gar nicht mehr zu Lebzeiten erschienenen Gedichte haben eine große Leserschaft aufgerüttelt. Sie sind und werden auch weiterhin imstande sein, angesichts gravierender Probleme in Gegenwart und Zukunft sowie bei den notwendigen Debatten ein gewichtiges Wort mitzureden. Das gilt beispielsweise für »Die Wanderratten«, ein in jedem Sinne großes Gedicht, in dem die Veränderungen in der Welt durch die Migrationsbewegungen mit ihren Gründen wie Erwartungen, aber auch in Erschrecken und Ablehnung durch die saturierte Gesellschaft angeprangert werden:

Es gibt zwei Sorten Ratten
Die hungrigen und die satten
Die satten bleiben vergnügt zu Haus,
Die hungrigen aber wandern aus

Solche Klarsicht findet selten ihresgleichen. Dabei sind vom Dichter keine Ad-hoc-Lösungen zu erwarten, aber die Beschreibung und Metaphorisierung von Verhältnissen, auf die der wache Blick und unsere Gewissensentscheidungen zu richten sind. Das gleiche gilt für die harte Kost in der lyrischen Bewältigung seiner Krankheitszeit. Wer von der Geschichte wenig zu lernen vermeint, kann aus solchen Texten wenigstens ernst zu nehmende Folgerungen ziehen.

Die Versepen »Atta Troll. Ein Sommernachtstraum«, »Deutschland. Ein Wintermärchen« und das Fragment »Bimini«

Auch hier, in der damals beliebten Gattung der Versepen, die Heine perfekt zu bedienen wusste, gibt es allenthalben Verbindungen und Analogien zueinander. Beide großen zeitkritischen Epen stammen aus den 1840er Jahren, das Fragment aus den letzten kranken Monaten. Einiges ist darüber, zumal über die kompletten Werke mit ihren zahlenmäßig gleichen Capita genannten Überschriften, bereits angeklungen. Den Reiz dieser Werke, ob in ihrem Shakespeareschen Titelbezug oder im Verweis auf die von Kolumbus entdeckte Neue Welt mit ihren Hoffnungen, aber nicht einzulösenden Wundern, vermag man besonders nachhaltig nachzuempfinden, wenn sie vorgetragen werden. Die Bärengeschichte aus den Pyrenäen und die

Reisegeschichte durch Deutschland wegen des ersten Besuchs in der Heimat von Paris aus nach zwölf Jahren in Hamburg, wobei Mutter und Verleger das eigentliche Ziel darstellen, bilden ein Echo auf die »Reisebilder«-Folgen von Bewegung, Kritik, Erlebnis und Gefühl. »Heines Tränen«, wovon Martin Walser 1981 bei der Verleihung der Ehrengabe der Heine-Gesellschaft gesprochen hat, geben dem Anfang des »Wintermärchens« ihr besonderes Gewicht, als er beim Grenzübergang wieder die deutsche Sprache vernimmt. Das »Vorwort« erklärt allen Nationalisten in Deutschland, dass ihm, dem Dichter, nicht nur der Rhein gehört, sondern dass die ganze Welt, wenn sie nur menschlich ist, deutsch genannt werden darf. Bis dahin geht er ins französische Exil zurück. In »Bimini« scheinen die Töne der späten Lyrik und der Verssprache für exotische Geschichten auf besonders gelungene Weise ihr Resultat gefunden zu haben. Die Trauer des kranken Verfassers weiß vom unerbittlichen Ende, genauso wie sein Nachlassgedicht »Beine hat uns zwei gegeben« vom für alle gleichen Omnibus spricht, der uns zum »Tartarus« fährt.

»Reisebilder«

Die Titel fungieren bei Heine wie so oft als Angelhaken. Auch mit der Überschrift »Reisebilder« für das Konglomerat an Arbeiten, die nur zum Teil mit dem wirklichen Reisen an sich zu tun haben, gelingt eine zeitgenössisch besonders treffende Ansprache an den Leser. Bewegung hieß das Zauberwort im Vormärz, und zwar in jedem Sinne mit der unbedingten Aufforderung in Richtung eines neuen Bewusstseins: nicht still zu stehen, die Dinge zu verändern, aber auch, wie Goethe schon im »Wilhelm Meister« einfließen ließ, dass der Mensch sich die beste Bildung eben auf Reisen hole. Das ist Thema und

Auftrag der Heineschen vier Bände, die für ein junges wie altes Publikum die saloppe, phantastische, aufrührerische, unbekümmerte, zugleich aber auch unterschiedliche, ungerechte wie neben allem Schönen in Natur und unter den Menschen auch grauenhafte Wirklichkeit einzufangen wusste.

Die »Reisebilder« mit ihren drei Hauptbänden und einem Nachtrag von 1826–1831 erleben nach den genannten Fingerproben der feuilletonistischen Artikel »Briefe aus Berlin« und »Über Polen« so recht erst mit der »Harzreise« ihren erfolgreichen Beginn. Goethe lässt grüßen, und überhaupt finden hier Natur, romantische Wanderung, lyrische Einsprengsel und die Entdeckung sagenhafter Ur- wie Umwelt ihre zauberhafte Symbiose. Heine ist so recht in und auf Fahrt und weiß durch die nächsten Bände und Kombinationen seinen einmal gesattelten Pegasus kräftig zu nutzen. Die Entdeckung der »Nordsee« in Prosa und in einprägsamen Prosaversen ist wahrlich nicht zu unterschätzen. Der Wechsel von lyrischen und prosaischen Teilen hier, aber auch in den übrigen Teilen gewinnt seinen eigenen Reiz. Die damalige Leserschaft blickt in die Werkstatt eines jugendlichen Zauberers, der zugleich ganz einer der ihren ist und um sie keinen Bogen macht, sondern sich solidarisiert.

Das Werk »Ideen. Das Buch Le Grand« hat etwas reizend vermessen jugendlich Autobiographisches an sich, spielt mit Rollen und spricht eine Zuhörerin am Mittelrhein an, die nicht liebenswürdig verschwommener sein könnte: »Das Leben ist gar zu spaßhaft süß, und die Welt ist so lieblich verworren«, heißt es am Ende. Heine erlernt das Handwerk und weiß es in den Phantasien und Berichten der »Reisebilder« bereits zur ersten Vollendung zu treiben. Dass er den zweiten Band auch für Xenien seines literarischen Gefährten Karl Immermann öffnet, beschert ihm wegen dessen nicht gerade berauschenden Angriffs auf die Orient-Mode beim Versemachen den Platen-Skandal, weil der Graf sich solche Beckmesserei nicht bieten lassen will. Der Gegenangriff des Grafen, der sich ebenso beleidigt wie naserümpfend auf die jüdische Herkunft Heines stürzt und damit die zeitgenössisch verbreitete Ablehnung der Minderheit bedient, trifft den in diesem Fall unschuldigen »Reisebilder«-Autor heftig. Dieser wittert dahinter, selber auf eine dortige Professur hoffend, eine ganze Münchener Hofcamarilla und holt mit homophoben Schlägen gegen eine anachronistische Literaturauffassung aus. Das verstieß schlichtweg gegen die Standesgrenzen, aber auch gegen ein einvernehmliches Schweigegebot, was die sexuelle Orientierung betraf. Sie durfte als Sache einer Randgruppe, ganz im Gegensatz zur antijüdischen Attacke, gar nicht erst thematisiert werden.

Die Italien-Bände wissen einerseits reizend zu unterhalten, mit der bösen Reaktion auf die Platen-Geschichte über die Maßen, ja über das Ziel hinaus zu provozieren und in religionsbezogenen Unterhaltungen oder Diskursen wesentlich aufzuklären. Gleich zu Beginn, in der »Reise von München nach Genua« lautet die Maxime angesichts erst jüngst zu historischen Schlachtfeldern aufgestiegenen Stätten: »Aber ach! jeder Zoll, den die Menschheit weiter rückt, kostet Ströme Blutes, und ist das nicht etwas zu teuer? Ist das Leben des Individuums nicht vielleicht eben so viel wert wie das des ganzen Geschlechtes? Denn jeder einzelne Mensch ist schon eine Welt, die mit ihm geboren wird und mit ihm stirbt, unter jedem Grabstein liegt eine Weltgeschichte«. Der Einzelne und das Ganze, dies ist eine Problematik, die Heine stets begleitet und angesichts derer er das Recht des Individuums gegen alle verachtungsvollen Tendenzen verteidigt. Die »Englischen Fragmente« zeigen schon, was sich später in Paris aus politischen Debatten machen lässt. Es ist nicht zu verwundern, dass der mit Gedichten bereits allgegenwärtige Autor mit solcher Darstellungsform die Literaturkritik herausfordert. Auf einen solchen Schriftsteller wird die Zukunft nicht mehr verzichten können.

»Französische Zustände« und die »Salon«-Bände

Paris bot nicht nur, was bereits anklang, in der Lyrik, sondern besonders auch in der Prosa neue Herausforderungen. Die französische Hauptstadt machte aus dem deutschen Enfant terrible einen Flaneur bester Profession. Er ging als Betrachter, dem alles und jedes nicht zu gering war, bzw. als Korrespondent, der über das politische genauso wie über das kulturelle Frankreich mit seinem Schwerpunkt einer überwältigenden Kapitale berichtete, dem in der Tat aus der eigenen Familie stammenden, mit Heines Werk jedoch leider, wie er selbst gestand, nur allzu oberflächlich vertrauten Walter Benjamin in dieser Eigenschaft als Wanderer in einer nahen nachbarlichen Welt voran. Heines ebenso leichte wie elegante Schritte geschahen in der ersten Hälfte des 19. Jahrhunderts sicherlich unter sehr viel glücklicheren Vorzeichen, als es seinem im mehrfachen Sinne verwandten Nachfolger Benjamin in der ersten Hälfte des 20. Jahrhunderts vergönnt war. Dessen Flucht aus Paris hätte vom späten Heine gar nicht einmal mehr in Angriff genommen werden können. Das tragische Scheitern beim Überwinden der Grenze nach Spanien trifft allerdings ganz mit jener Spur der Verzweiflung am Weltzustand zusammen, die Heine zuletzt selber oft genug beschworen hatte. Die Wirkungsgeschichte ist verflixt: Zweifellos hätte Heine bei entsprechender publizierter Wertschätzung durch Benjamin von dessen zeitweise besonders hoher Anerkennung und Rezeption durch die Kulturwissenschaften profitiert. Es hat nicht sein sollen. Beide gingen ihren eigenen, aber durchaus in einiger Hinsicht parallelen Weg.

Auch Heines Sicht- wie Schreibweise änderte sich in der damaligen Hauptstadt der Welt, passte sich geschmeidig den neuen urbanen Bedingungen an, blieb aber stets den kritischen Gesichtspunkten verhaftet, die von Beginn an einen Zeitschriftsteller ausgezeichnet haben, der sich nicht korrumpieren lässt, seien die Angebote auch noch so real präsent und die Versuchungen noch so groß. Das hier Angedeutete gilt insgesamt für die »Französischen Zustände« von 1833, denen es souverän gelingt, ihre Tagesaktualität zu überhöhen durch einen Sinn für Vergangenes und Zukünftiges, der nun wirklich nicht als bloß journalistisch verunglimpft werden kann: »Der heutige Tag ist ein Resultat des gestrigen. Was dieser gewollt hat, müssen wir erforschen, wenn wir zu wissen wünschen, was jener will.«

Wie dieser Band als Einstand zu betrachten ist und einen ersten Einblick in die neue Heimat gibt, so führen die vier Bände des »Salon« aus den folgenden Jahren 1834–1840 die Gliederungskunst von Verfasser und Verleger fort. Hier sind berichtende, erzählerische und essayhafte Texte, aber auch Gedichte zusammengefügt, wie man es aus den »Reisebildern« kennt. Deren beweglicher Assoziation mit Außenansichten nach innen, was den Titel angeht, wird jetzt der ruhende Pol mit dem Blick von innen nach außen, und zwar bei gleicher Beweglichkeit, entgegengesetzt. Der Reihentitel soll jenen im Louvre als jährliche Kunstausstellung darbietenden Ritus des Pariser Kulturlebens abbilden. Nicht umsonst fungiert eine Betrachtung »Französische Maler« als Aufmacher. Aber auch die Abhandlung »Über die französische Bühne« und seine Darstellung »Zur Geschichte der Religion und Philosophie in Deutschland«, mit ihrer heimlichen Liebe zum niederländisch-jüdischen Bundesgenossen und philosophischen Freigeist Spinoza, sowie der mythologische Ausflug »Elementargeister« gehören zum Arsenal dieser Bände aus den Jahren 1834 bis 1840. Doch auch die eigentlich innenarchitektonischen Salon-Räume der höheren Gesellschaft sind gemeint, in denen die Debatten zur Vergangenheit, Gegenwart und Zukunft stattfanden. Sein Bericht über die verheerende Cholera in Paris vom April 1832 hatte in den »Französischen Zuständen« jenen Satz enthalten, der an frühere Beobachtungen zur Relativität und Vergänglichkeit anschließt und zu späteren Verlautbarungen hinführt: »Die Salons lügen, die Gräber sind wahr. Aber ach! die Toten, die kalten Sprecher der Geschichte, reden vergebens zur tobenden Menge, die nur die Sprache der Leidenschaft versteht.«

Heine dagegen begreift sich als sachlichen Beobachter mit Gefühl und verständnisvollen Kenner der französischen Situation voller Respekt und Anteilnahme, weiß über die deutschen Befindlichkeiten mit ihren religions- und philosophiegeschichtlichen Voraussetzungen einerseits leicht, andererseits kritisch zu urteilen und stellt sich als erzählerisches Talent vor, das nicht zu verachten ist. Der »Rabbi von Bacherach« gehört zu den immer wieder neu zu entdeckenden Perlen der Erzählkunst des 19. Jahrhunderts und bildet das von der Innensicht geprägte Gegenstück zur gleichzeitigen, sehr bekannt gewordenen Novelle »Die Judenbuche« der Droste, die aus der Außenperspektive heraus erzählt. Der Vater Rhein mag es im »Rabbi« nicht, wenn seine Kinder, womit in diesem Fall ausdrücklich die jüdischen Anrainer gemeint sind, weinen. Die mittelalterliche Verfolgungs- und Pogromgeschichte, die in der Jugend als Antwort auf die eigenen Bedrängnisse begonnen wurde, beendet ein schließlich hinzugefügter Teil im sarkastisch beschriebenen, geradezu phantastischen Frankfurter Ghetto. Dort hat der zum Christentum übergetretene spanische Apostat, den die Bewunderung für die jüdische Küche ins Ghetto zurücktreibt, vor Augen, wie schlecht geschützt »Israel« ist.

Auch die europäisch zu nennende Bildungsgeschichte »Aus den Memoiren des Herren von Schnabelewopski«, die von Polen ausgehend zum Teil im holländischen Leiden spielt, was nicht umsonst den anspielungsreichen Ortsnamen trägt, und die in Hamburg endet, lohnt immer wieder eine Lektüre. Der kleine Simson, der sein Leben im argumentativen Kampf um die Existenz Gottes opfert, eröffnet ganze Traditionslinien von Herkunft und Individualisierung. Von der »Qual dieser armen Schwäne« auf der Alster zu lesen, denen die Flügel gebrochen sind, damit sie nicht in den Süden fliegen oder besser fliehen können, macht viele Motive im Heineschen Werk verständlicher. Und die »Florentinischen Nächte« besitzen ebenfalls mehrere europäische Handlungsplätze. Dort präsentiert sich das abgründige Erlebnis von Körpersprache, Tanz und dunklen Geheimnissen. Aber auch an die dort eingebaute hinreißende Schilderung seines Paganini-Erlebnisses in Hamburg sei erinnert. Wer hätte dem Teufelsgeiger einen besseren Tribut zollen können. Der Erzähler Heine ist in der Tat nicht zu unterschätzen.

In seiner Philosophieschrift wird Martin Luthers reformatorische Bedeutung hervorgehoben und in die revolutionäre Entwicklung integriert. Die Solidarität mit dem jüdischen Leidensgenossen Spinoza ist unverkennbar. Heines anthropologische Wende besteht in einem theologischen Umkehrschluss: »Wir kämpfen nicht für die Menschenrechte des Volks, sondern für die Gottesrechte des Menschen.« Was im »Wintermärchen« später so deutlich vom Glück auf Erden und von der Bedeutung des Hier und Jetzt ausgesprochen wird, findet dort schon seine Grundlegung.

»Die romantische Schule« und »Ludwig Börne. Eine Denkschrift«

Die Hinführung auf deutsche Seelenabgründe durch den Rückblick auf die geistesgeschichtlichen Grundlagen wird ergänzt durch die literaturhistorische Darstellung zur Geschichte der romantischen Schule in Deutschland, womit Heine damals keineswegs allein stand und die als eigenständige Vorform ursprünglich einen ganz nach dem Muster seiner Philosophie-

und Religionsschrift formulierten Titel trug: »Zur Geschichte der neueren schönen Literatur in Deutschland«. Jeder Autor, der etwas auf sich hielt, verfasste neben seinen literarischen Arbeiten eine deutsche Literaturgeschichte, um sich selber zu verorten, wobei im Übrigen manches sehr ähnlich und langweilig klang. Bei Heine erreicht diese Selbstbefragung, das muss zu seinem herausragenden Status bemerkt werden, einen besonders anregenden Höhepunkt. Er informiert nicht nur, sondern weiß das Auf und Ab der Dichtung in besonders nachhaltige Bilder und Geschichten zu kleiden. Leben und Dichten werden ein und dasselbe, bilden eine Einheit, ohne die es kein sinnvolles geistiges Leben gibt. Blicke in die damals jüngere Vergangenheit, wobei Lessing, Goethe und Schiller selbstverständlich nicht fehlen dürfen, werden erweitert durch die Betonung der Forderungen zeitgenössischer Literaturauffassung, nämlich »Künstler, Tribun und Apostel« zu sein, womit eine quasi-religiöse und politische Verpflichtung mit der ästhetischen Tätigkeit auf ursprüngliche Weise verknüpft wird.

Was vertikal und horizontal für die Literaturgeschichte poetisch erarbeitet wird, erhält in der wenige Jahre späteren Denkschrift über Ludwig Börne den ganz speziellen, existentiellen Gegenpol des einzelnen literarischen Schicksals: Herkunft und Religion, Heimat, Fremde und Emigration sind die großen Themen für beide Schriftsteller, die für immer durch zahlreiche Parallelen verbunden bleiben, selbst wenn sie sich am liebsten zu streiten und voneinander fort zu bewegen scheinen. Für Zeiten, die durch Migration, Flucht und Verfolgung gravierend sich ändernde Weltadressen vieler einzelner Menschen wie Gruppen zu konstatieren haben, formuliert der Autor Beschwörungen der emotionalen Bande aus Familie, Glauben und humanem Bestreben: »Wer das Exil nicht kennt, begreift nicht, wie grell es unsere Schmerzen färbt, und wie es Nacht und Gift in unsere Gedanken gießt. Dante schrieb seine ›Hölle‹

im Exil. Nur wer im Exil gelebt hat, weiß auch was Vaterlandsliebe ist, Vaterlandsliebe mit all ihren süßen Schrecken und
sehnsüchtigen Kümmernissen!«

»Vermischte Schriften«

Ein Titel, der wenig konkret ist, und dennoch keineswegs allein für die unter dieser Überschrift versammelten Texte ein
Lebens- und Arbeitsmotto Heines darstellt. Denn nichts lag
ihm näher als die Mixtur seiner lyrischen und prosaischen Verlautbarungen, die dann dennoch den Publikationsrücksichten
gelegentlich wieder geopfert werden musste. So erschien sein
»Faust«-Ballett gesondert, obgleich es im »Romanzero«-Band
hätte erscheinen sollen. Und die »Vermischten Schriften« ban-
den zusammen, was wiederum thematische oder versteckte
Verbindungslinien besaß. Auch in unserem Zusammenhang
wurde auf einiges bereits angespielt. Selbstbefragung und My-
thenbehandlung gehören aufs Ganze gesehen für ihn durchaus zusammen. Die »Geständnisse« stellen unter Beweis, wie
sehr er bei der Einbettung seines Lebens in die öffentlichen
Geschehnisse der Meister der Selbstinszenierung geblieben ist.
Ihr Echo stellt das »Memoiren«-Fragment aus dem Nachlass
dar, indem es die persönlichere Innenansicht bietet. »Die Götter im Exil« und ihr »Nachtrag« als »Die Göttin Diana« bringen
den skeptischen Abschied von der früher favorisierten Überzeugung eines Hellenismus als Befreiung vom asketischen Na-
zarenertum zum Ausdruck, wie er auch im »Nachwort« zum
»Romanzero« anklingt. Nicht nur seinem Antipoden Börne hat
Heine »Denkworte« gewidmet, sondern auch seinem alten Bekannten Ludwig Marcus, dem in Frankreich lebenden Orienta-
listen. Das Nachdenken über dessen beschwertes Leben mün-
det in eine Hohelied-Variation über das Buch Hiob und des-

sen homöopathische Dosis vom verstörenden Zweifel, für den die Deutschen das so passende Wort »Verzweiflung« besäßen.

In den beiden anschließenden Bänden sind die 61 Berichte der »Lutetia« gebündelt, überarbeitete Artikel aus der Augsburger »Allgemeinen Zeitung« der 1840er Jahre, die es ermöglichen, über die Tagesanlässe hinaus jenes, wovon Heine selber spricht, daguerreotypische sprich fotografische Abbild einer so schwer einzufangenden Wirklichkeit zu liefern, das in der Tat die unlösbaren Verquickungen von »Politik, Kunst und Volksleben« subtil zu zeigen vermag. Hier treffen sich die Verknüpfungen von Ästhetik und Engagement, von Umwelt, Vergangenheit, Gegenwart und Zukunft. Was dem Autor immer wichtig war: im Landläufigen jenen Strukturen oder verborgenen Bedingungen auf den Grund zu gehen, die alle Kräfte bezeichnen und in Gang setzen, die von Störungen Kunde geben oder gar von Anzeichen eines friedlichen Glücks der Gleichheit und Freiheit, ja eines wiedergewonnenen, säkularisierten Paradieses sprechen. Bei aller Skepsis gibt Heine die Hoffnung nicht auf.

Die Folgen

Folgen über Folgen durch Leben und Werk: Vorbild und Anregung

War er nicht in der Tat ein Mann für jede Jahreszeit und sind seine Werke nicht Lebensbegleiter, derer man nicht überdrüssig wird? Wie Heine selbst seinen Cervantes, will sagen: dessen Roman über den Ritter von der traurigen Gestalt namens »Don Quijote«, jedes »Lustrum«, also alle fünf Jahre von neuem mit verändertem Gewinn lesen mochte, so lohnt sich unser Autor für alle Zeit. Mit wie vielen Schriftstellern oder Dichtern in männlicher wie weiblicher Existenz vermöchte man überhaupt sein ganzes Dasein zuzubringen, ohne ihrer dann und wann überdrüssig zu werden? Mit Heine gelingt das Wagnis einer variationsreichen Dauer spielend. Man möge dem Berichterstatter seinen Heineschen Lobgesang im Hinblick auf die sichtbaren wie unsichtbaren Folgen von Leben und Werk nicht verargen. Wer aber vermöchte wie Heine auf solche Weise die passende Stimme oder das griffige Zitat für jede Gelegenheit zu leihen und diskussionsfreudige genauso wie herzliche Gemeinschaft zu stiften?

Über das mehrdeutige und vielfältige Thema »Heine und die Folgen« brauchen wir Karl Kraus nicht das letzte Wort zu überlassen. Seien wir trotzdem gerecht: So sehr Kraus ihn auch schmäht, so sehr hat sein Angriff auch einiges an nicht zu unterdrückenden Leistungen, Verdiensten und von der

Zukunft dankbar aufgegriffenen Richtlinien benannt, selbst wenn er persönlich sie auf der Negativseite verbucht. Allein schon die europäische, deutsch-französische und überhaupt die nationale Enge überwindende kosmopolitische Haltung des Dichters Heine zu einer Zeit, als das keineswegs selbstverständlich war und er selber durchaus die Schwierigkeiten nicht wegmogelte. Dafür war Heine zu vernünftig und zu erfahren, hatte sozusagen am eigenen Leibe verspürt, was es heißt, gegen den Strom zu schwimmen. Das aber gehört dazu, wenn Besserungen erzielt werden sollen bei der Durchsetzung freiheitlicher, demokratischer, sozialer Prinzipien. Heines Folgen liegen nicht immer offen vor Augen. Auch hat er sich durchaus selber in ältere Traditionen hineinbegeben, jene Gedanken weitergedacht, die dem geistigen Wohle, der Freiheit im Kopf und an den Gliedern zugutekamen. Es handelt sich um seinen selbständigen, der freien Meinungsäußerung wie der ungehinderten, menschenwürdigen Lebensauffassung verpflichteten Geist, der sich Bahn gebrochen hat und den es zu beachten gilt. Es geht auch nicht um bloßes Lob. Dafür ist der Autor viel zu widerspenstig, mimt keinen Helden und Heiligen, kann aber gerade darum in so manchen Haltungen wie Forderungen ein Vorbild sein.

Und das war er beileibe nicht nur für sein deutsches Publikum, sondern, wie immer wieder bestätigt wird und erlebt werden kann, auch in sämtlichen europäischen Ländern und weit darüber hinaus. Man denke nur an die »Heine-Studie« von Jakov I. Gordon über »Heine in Russland 1830–1860« aus dem Jahre 1982. Immerhin wurde er in alle Weltsprachen übersetzt, bietet dafür, wie die fortlaufenden Heine-Bibliographien zeigen, stets von neuem Material und seine Wirkung erwies sich zumal in den Gedenkjahren als wahrlich allgegenwärtig an so manchen weit auseinanderliegenden Punkten der Erde. Wenn bereits seine Buchtitel den moderneren, griffig ab-

wechslungsreicheren Charakter eines Beobachters von indivi-
duellem Witz wie Charme spiegelten, so entfalteten sich die
Debatten über ihn und sein Werk zu Orientierungshilfen mit
ebenso tröstlichen wie aufregenden Ausblicken. Ja, er war viel-
fältig verwendbar und taugte in essensbesessenen Zeiten sogar für die Zusammenstellung verschiedener Kochbücher.

Die folgenden Beobachtungen und Einsichten werden teilweise assoziativ, einmal kürzer, das andere Mal länger ausfallen und keiner systematischen Gliederung unterliegen. Manche Folgen sind greifbarer als die anderen. Einige haben sich
ins öffentliche Bewusstsein eingeschrieben und sind dennoch
subversiv und gar nicht ohne weiteres mit Heines Namen, sondern nur mit seiner Haltung zu verbinden. Andere liegen auf
der Hand oder sind Teil unseres kulturellen Lebens im Konzertsaal oder in der spektakulär kontroversen Denkmalsgeschichte, die sich auch mit glücklicherweise aufgelösten Be-
nennungsstreitigkeiten und der inzwischen archivalischen,
bibliothekarischen wie musealen Fürsorge für Heine trifft. Darüber soll ebenfalls in jeweils eigenen Abschnitten berichtet
werden. Von Miniaturen oder Mosaiksteinen ist zu sprechen,
manchmal auch von halb gepflasterten Flächen, die zusammen erst ein ganzes Bild oder gar andeutungsweise eine Heinesche Landschaft ergeben werden, wodurch mancherlei Folgen nachgezeichnet und ablesbar sind.

Erfolg und Misserfolg

Beim Nachdenken über Heines Folgen gewinnen die Überlegungen von Hans Mayer über Goethe, nämlich sein »Versuch
über den Erfolg« aus dem Jahre 1973, eine besonders anregende
Qualität. Bei den das Hundertjahrgedächtnis von Heines Tod
im Jahre 1956 bei weitem übertreffenden Feierlichkeiten zum

175. Geburtstag des Dichters im Jahre 1972, also ein Jahr vor seinem »Versuch« über Goethes Erfolg, hatte Mayer augenscheinlich aufgrund seines spektakulären Wechsels von Leipzig nach Hannover weder in der ehemaligen DDR in Weimar noch in der Bundesrepublik in Düsseldorf eine Chance, persönlich bei einer der wahrgenommenen Konferenzen oder Kongresse auftreten zu können. Dafür blieben ihm ganz unabhängig von solchen offiziellen Versammlungen mit ihren Bekehrungsversuchen in Richtung eines vernachlässigten Dichters, wie Heine es nun einmal war, dessen Name und Persönlichkeit das immer wieder präsente Gegenbild bei der Betrachtung Goethes als hilfreiche und selbstverständliche Richtschnur. Die Wiederentdeckung Heines im Westen, der im Osten sogleich nach Kriegsende als Freund von Karl Marx zur politisch-literarischen Chiffre aufgerückt war, nahm Mayer auf nonchalante Weise einfach vorweg oder übertrug sie wenigstens zur richtigen Zeit gen Westen. In seinem Goethe-Bändchen wird unter einem zwar achtungsvollen, aber ehrlich kritischen Blickwinkel im Leben des Olympiers jene Differenz untersucht, die zwischen Erfolg und Misserfolg oft genug hin und her pendelt.

Die Sicht Heines auf Goethe, die sich von seinem ebenfalls der Veränderung zugeneigten Zeit- wie Schicksalsgenossen Ludwig Börne, der sich ganz auf die Seite von Jean Paul schlug, und von den jungdeutschen, Goethe gegenüber kritisch eingestellten Gefährten trotz mancher Distanzmomente einigermaßen, weil trotz allem bewundernd, unterschied, bleibt anerkennend. Goethe ist der europäische Lyriker par excellence, wie der Spanier Cervantes das Vorbild für die epische und der Engländer Shakespeare das Muster für die dramatische Kunst darstellt. Durch die vorbehaltlose Betrachtung von Goethes Leiden an vielerlei Umständen seiner Existenz wie Wirkung wird unter anderem auch das eigene Scheitern des Olympiers, sein gar nicht immer triumphierendes Leben verständlicher, erhalt menschlich-tragische Züge. Der »Mann im seidenen Rock«, so Heine über den Klassiker, der nach Auffassung des Jüngeren auf das Publikum, zumal auf die Jugend, allzu beruhigend und damit zeitentfremdend wirkte, erreicht somit, durch die von Mayer dingfest gemachten Brüche und unwägbaren Risse in einer so vorzüglich öffentlich dargebotenen Künstlerexistenz denn doch aufs Ganze gesehen, so dürfte man folgern, eine erstaunliche Koalition mit dem unserem Dichterfürsten so gar nicht geheuer erscheinenden Heine.

Letzterer weiß von Existenzängsten und Misserfolgen ein Lied zu singen. Vor allem die Briefe an die Familie sind trotz mancherlei Rekurses auf die inzwischen erlangte Berühmtheit voll davon. Skepsis und Argwohn erfüllen unseren Dichter in Paris, wenn er an das Ende denkt. Ein Denkmal in Düsseldorf wird es geben, sinniert er in einem Stoßseufzer aus vorgezogener Altersdepression über seinen damals tief empfundenen Misserfolg Ende August 1837 gegenüber seinem Bruder Max: »Ich werde wahrscheinlich die Zahl jener edelsten und größten Männer Deutschlands vermehren, die mit gebrochenem Herzen und zerrissenem Rock ins Grab steigen. In Düsseldorf wird mir dann wohl ein Monument gesetzt werden.« Selbst diese Vermutung besitzt später ihre ganz eigene turbulente Geschichte. Und über anderthalb Jahrzehnte später schreibt er Ende 1853 an seine Mutter, es sei ihm nichts geglückt in dieser Welt: »aber es hätte mir doch noch schlimmer gehen können. So trösten sich halbgeprügelte Hunde«. Heine – ein Hundeleben. Das mag ihm gelegentlich wirklich so vorgekommen sein.

Heines Bilder vom Leben als Kriegsführung, jene von seiner alten Freundin Rahel Varnhagen ebenfalls betonte unausweichliche Situation, die bereits in der römischen Antike einen literarischen Platz zugewiesen bekam, finden eher als Hoffnung denn als Erfolg bereits in seiner »Reise von München nach Genua« ihren Ausdruck: »Ich weiß wirklich nicht«, schreibt Heine, »ob ich es verdiene, dass man mir einst mit einem Lorbeerkranz den Sarg verziere. Die Poesie, wie sehr ich sie auch liebte, war mir immer nur heiliges Spielzeug, oder geweihtes Mittel für himmlische Zwecke.« Weiter heißt es, er habe »nie großen Wert gelegt auf Dichter-Ruhm, und ob man meine Lieder preiset oder tadelt, es kümmert mich wenig«. Was stellt sich der in jedem Sinne mannhafte Dichter als Weltbürger vor? »Aber ein Schwert sollt Ihr mir auf den Sarg legen, denn ich war ein braver Soldat im Befreiungskriege der Menschheit.« So auch der sogenannte »Hymnus«, den die linke Heine-Tradition über die Maßen liebte und der es an Emphase nicht fehlen lässt: »Ich bin das Schwert, ich bin die Flamme.« So beginnt er und spricht davon, dass er die Menschen, die ihn hören oder lesen, »in der Dunkelheit« erleuchtet habe. Er focht voran, wobei, wie oben gesagt, das lyrische Ich völlig von der eigenen Haltung okkupiert wird, und zwar »in der ersten Reihe«. »Wir haben gesiegt, aber rund umher liegen die Leichen meiner Freunde.« Es tönen »die Choräle der Totenfeier«. Doch für Freude oder Trauer gibt es keine Zeit. Der Kampf geht weiter. Diese Prosa-Verse, deren Ernst wie Schwur so ganz dem feschen Ironiker widersprechen, gemahnen sehr an das letzte Gedicht seiner »Lamentationen« aus dem »Romanzero« vom verlorenen Kind, sprich »Enfant perdu«, dem Lebensrückblick auf die verlorene Schildwacht. Dort werden, freilich trotz aller hier gleichfalls vorhandenen Ernsthaftigkeit mit den bei Heine erwarteten humoristischen Einlagen, die jahrelangen Kämpfe »ohne Hoffnung« auf Sieg und in dem Bewusstsein, nie »gesund nach Haus« zu kommen, in Erinnerung gerufen. Es werden die braven Freunde im »Lagerzelt« beschworen, deren lautes »Schnarchen« ihn wachhielt. Die eigene Langeweile sowie die ihr zu verdankenden »frechen Reime eines Spottgedichts« werden benannt. Aber Verwundung samt Untergang ist dennoch die Folge. »Die Wunden klaffen«, heißt es, »es verist: »Doch fall ich unbesiegt, und meine Waffen / Sind nicht gebrochen – Nur mein Herze brach«. Heines Tränen und sein gebrochenes Herz widersprechen den gern benutzten stolz militaristischen Bildern, sind aber typisch für die Treue zu jenen Idealen, die von der Menschenwürde nicht lassen wollen.

Lebensentwürfe und autobiographische Vergewisserung

Angeblich war es die Mutter, die sämtliche variablen Zukunftspläne für ihn schmiedete und am wenigstens damit einverstanden war, dass er keinen damals anerkannten Beruf ergriff, sondern Dichter wurde. Kaufmann hatte er werden sollen und war gescheitert. General wäre angesichts der großen kriegerischen Auseinandersetzungen eine angesehene Laufbahn gewesen, was wegen der jüdischen Herkunft damals noch unwahrscheinlicher war. Kein Wunder jedoch, dass der Sprachgebrauch in Lyrik wie Prosa ungemein militärisch aufgeladen blieb: »Soldat im Befreiungskrieg der Menschheit« stellt eine der großartig kriegerischen Formeln in seinem Sinne dar. Bankier, wie sein Onkel in Hamburg, könnte auch etwas wirklich Ordentliches gewesen sein. Selbst die schon genannte katholische Karriere bis zum Papst auf dem Petersplatz in Rom, die der Familie von geistlich-pädagogischer Seite in den Kopf gesetzt worden sein soll, hatte selbstverständlich keine Aussicht auf Erfolg. Er selber war so nahe daran gewesen, eine Professur in München zu erlangen. Aber König Ludwig I. bestätigte nicht, was sein Minister Eduard von Schenk, der über rheinische Wurzeln mit Verbindungen zur Jacobi-Familie in Pempelfort verfügte, möglicherweise eingefädelt hatte. Allezeit, selbst nebenher, war ihm das Schreiben unter noch so vielen mühsamen Korrekturen leicht gefallen, war ihm als Berufung wichtig ge-

Folgen: über Folgen durch Leben und Werk: Vorbild und Anregung

wesen, auch wenn es ihn manchmal, vor allen Dingen der unangenehmen und oft genug nicht folgenlosen Botschaften wegen, die er als moderner Prophet verkünden musste, schwer ankam.

In allem also variable Lebensentwürfe, von denen er einige durchaus hätte zu einem guten Ende führen können. Es blieb beim Amt des Schriftstellers und Dichters, und als Lyriker bei einem Posten, der mit dem Goetheschen Rang konkurrierte, was beispielsweise wieder Karl Kraus völlig danebengegriffen fand. Weil alles nur unter Schwierigkeiten richtig zu machen war, auch die jüdischen Bedingungen vor wie nach der Taufe vieles sehr erschwerten, ist leicht zu begreifen, dass Heine den eigenen Bewegungen im Kerker seiner Existenz, die mit ungetrübter Laufbahn nur bedingt zu umschreiben war, mit der höchsten Wachsamkeit zuschaute und sie durch die verschiedensten Schreibimpulse festhielt. Seine Beobachtungen, Betrachtungen, Formulierungen, Stellungnahmen, Proteste, sein Brief an die Bundesversammlung nach dem Verbot des Jungen Deutschland, in dem er für sich die Reisefreiheit Luthers erbittet, zeugen vom untrennbaren Ineinander von Biographie und Literatur, von Erleben und Schreiben, vom Eigenen in der poetischen Rede und im Vers. Solcherart Selbstfindung oder Vergewisserung der speziellen Begabungen und Möglichkeiten konnten nicht verborgen bleiben. Autobiographische Darstellungen sind von früh an in seinem Werk zu finden. Sie haben unweigerlich zu seiner vom Publikum als vertraut genossenen, wenn auch souveränen Nähe beigetragen. Autobiographie und Werk waren nicht so einfach voneinander zu trennen, auch wenn man auf keinen Fall die Masken und Rollen vergessen darf, die Heine aufzusetzen oder zu spielen verstand.

»Das Erlebnis und die Dichtung«, wovon Wilhelm Dilthey 1906 und vor allem mit Blick auf Goethe schrieb, einmal anders, in pragmatisch auf den Alltag gemünzter Erfahrung, an dem durch offene Niederschrift der andere teilhat: Der Dichter spricht das noch Nähere, oft sogar Banalere aus, spricht darüber, was er selber ist, fühlt und denkt, und wovon er überzeugt sein kann, dass die anderen ihn unterschiedslos verstehen. Egomanie und Egozentrik nicht als egoistische Selbstbezogenheit, sondern als altruistische Wiedergabe seiner selbst an die Außenwelt, die sich wiedererkennen möchte. Im Prinzip sind beide, der Schriftsteller und sein Publikum, ein und dasselbe beziehungsweise ein Herz und eine Seele. Diese Rechnung, die keineswegs berechnend, sondern von glühender Ehrlichkeit war, ging auf. Argumente, die gegen diese Haltung erhoben wurden, operierten allzu oft mit antisemitischen Klischees einer Heineschen unechten Verlogenheit. Heine dagegen wurde tatsächlich zum Gesprächspartner seiner Leser und erlebte für alle stellvertretend die Schönheiten und Gefährdungen. Vor allem wusste er darüber auf so amüsante Art zu dichten und zu erzählen, dass das Publikum sich verstanden fühlte und ihn zu begreifen meinte. Solche Nähe macht Kollegen und Konkurrenten eifersüchtig, die selber das gescheite Sprachrohr zu sein meinen. Einiges davon muss offenbar im Verhältnis von Kraus zu Heine auch eine Rolle gespielt haben.

Begabung zur Innovation der Schreibart

Manches kann im Folgenden nur thesenhaft notiert werden, um anzudeuten, durch welche innovativen Schübe sich Heine gerade durch seine Schreibart am Fortschritt der Sprache und Literatur beteiligt hat, welchen Anteil er besitzt an frischen Tönen und sprachlichen Erfindungen. Der Wandel in Ausdruck und Bedeutung ist nach jedermanns Erfahrung überhaupt im Laufe eines Lebens beträchtlich. Von Jugendsprache konnte zu allen Zeiten die Rede sein, genauso wie von Altersstil. Der junge Heine hatte seinen großen Erfolg, was die Sprache anging, gerade wohl auch durch die Formen seiner frühen Studentenliteratur, wie sie in den ersten »Reisebildern«, vor allem in der »Harzreise« und in »Ideen. Das Buch Le Grand«, noch greifbar ist. Beachte man den Schluss der Harzschilderung, als Datum, Ort und Umstände der Schreibsituation so lebendig vor Augen treten, dass der Leser glauben muss, ein Nachbar zu sein, der allzu gern das Ergebnis der Schreibarbeit umgehend verschlingen möchte. »Es ist heute der erste Mai.« Von der Stadt ist die Rede, nämlich von Hamburg, den blitzenden Fensterscheiben und den bunten Vierlanderinnen, von den Waisenkindern, die »mit ihren blauen Jäckchen und ihren lieben, unehelichen Gesichtchen« über den Jungfernstieg ziehen. Alles wird von der Frühlingssonne »mit ihren tolerantesten Strahlen« beschienen: »– ich will hinauswandern vor das Tor.« Seine Arbeit ist in abgebrochener Form an ihr Ende gelangt. Ähnlich nachbarlich passiert die Herstellung des Manuskriptes im »Buch Le Grand«: Er verlässt sich beim Schreiben seiner Periode, so vermeldet Kapitel XIV, in seinem Hamburger Zimmer in der anspielungsreich düsteren Düsterstraße einfach »auf den lieben Gott«: »Und wie könnte ich auch schreiben ohne diese fromme Zuversicht, in meinem Zimmer steht jetzt der Bursche aus der Langhoffschen Druckerei und wartet auf Manuskript, das kaumgeborene Wort wandert warm und nass in die Presse, und was ich in diesem Augenblick denke und fühle, kann morgen Mittag schon Makulatur sein.« Ironische Skepsis verhilft dem stolzen Schriftsteller zur Akzeptanz eventuellen, von der eigenen Feder produzierten Abfalls, womit er dem Leser so wenig voraus hat wie möglich.

Schon solche Sprechweise begann sich von der »Kunstperiode« Goethes, wie Heine die vorausgegangene klassische Epoche genannt hat, vor aller Augen und für alle Ohren zu lösen, obgleich einen die spontanen Notizen noch an den längst untergegangenen Briefstil des jungen Goethe in dessen »Leiden des Jungen Werthers« aus der Zeit des Sturms und Drangs gemahnen könnte. Danach allerdings herrschte allein schon durch die Weimarer Position eher klassische Gravität. Heine hingegen wagt den einmal gewählten Umschwung zu nutzen und nicht einfach zum Anständigeren oder Gemessenen zu konvertieren. Das bisher nicht so Gewohnte und das bis ins gesprochen Freie wie Freisinnige hinein gab der Heineschen Prosa ihren Pfiff. Und selbst wenn es in den frühen Gedichten noch allzu sehr von Diminutiva, gar vom »Maid« wimmelte, so fielen selbst die Gedichte des frühen Lyrikers gerade durch ihre natürliche Wortwahl auf. Die Reime wurden nicht dadurch auf Vordermann gebracht, dass sie geglättet und gereinigt wurden, damit sie dem reinen, sauberen Schema entsprächen, sondern dass ihnen bewusst sprachliche Unregelmäßigkeiten mitgegeben wurden, damit das Publikum aufhorchte und vermittelt bekam, in Versen könne sich der gegenwärtige Mensch ohne den Schauder des Erhabenen geradezu wiedererkennen.

Mixturen und Fragmente. Mit den Worten zu spielen, war die eine Sache, die andere, seine Texte, wie unterschiedlich sie auch seien, als miteinander kommunizierende und als nur auf originelle Art gefügte neue Einheiten eines einzigen Buches zu betrachten, das dann trotzdem nicht nach einer Anthologie von Unvereinbarem aussah, sondern ganz und gar nach dem genuin unverwechselbaren Autor, der seinem Publikum gefiel. Solche literarischen Selbstgespräche zu stiften, darin bestand ein Großteil des kompositorischen Geschicks für sämtliche Titel und Sammelbände, wie sie von Heine seinem Publikum angeboten, gelegentlich auch zugemutet wurden.

Selbstgespräche als Dialoge mit dem Leser. Das mag der Grund für die oft waghalsigen Mixturen innerhalb der Werke sein. Dass sich in einem Text Prosa und Gedichte abwechseln, weil die Lyrik es besser zu sagen versteht als das Ungereimte, ist eine zeitgenössisch geläufige Form von verlebendigender Textveränderung. Wer etwa lädt das romantische Gedicht liebenswürdiger ein als Joseph von Eichendorff, im erzählenden Fluss einen jeweils kleinen inhaltlich-sprachlichen Höhepunkt zu bilden, weil es das am besten auszudrücken weiß, wofür die Prosa denn doch nicht das richtige Medium ist. Solche Geste weiß der junge Heine ebenfalls in salopper Konsequenz aufzubringen, jedenfalls in der »Harzreise« als Einzeltext und in den Bestandteilen seiner Einzelbände als Ganzem. Auffällig unorthodox bleibt freilich die Mischung verschiedener Textsorten in einem Band. Eine solche Mixtur reagiert nicht nur auf eine Eigentümlichkeit des schöpferischen Prozesses beim Verfertigen von Texten, woran Heine sich und das Publikum zu gewöhnen hat. Das könnte, wie wir sehen, auch einzig und allein bedeuten, dass man einmal etwas in Prosa erzählt wie in der »Nordsee«-Schilderung, daneben aber dasselbe Thema in Prosa-Gedichten abhandelt.

Die Mischung besitzt eine tiefere Struktur. Denn die Prosa-Gedichte bieten ihrerseits nicht nur lyrische Prosa, sondern auch prosaische Umschwünge. So die handfest lebensrettende Warnung am Schluss des Gedichtes vom »Seegespenst« nach dem Erlebnis des herrlichen Meeresspiegels mit seinen zauberhaften Abgründen und des Hineinträumens in die sagenhaft versunkene, niederländisch anmutende Stadt, wo er sein »armes, vergessenes Kind«, die ewig imaginäre »Immergeliebte« entdeckt und zu ihr hinabspringen will. Der ärgerlich lachende Kapitän ergreift den enthusiastischen Phantasten kurzerhand am Fuß und zieht ihn vom Schiffsrand weg mit der trockenen Bemerkung: »Doktor, sind Sie des Teufels?« Es möchte einem so scheinen, als lebten ganze Generationen der Song-Schreiber von solchen Brüchen der aus dem oder ins Sentimentale verwandelten Realität.

Die Romantik verstand darüber hinaus etwas von Fragmenten und liebte sie. Bei Heine tauchen sie allenthalben auf, entweder zur Erklärung eines voreiligen Schlusses oder als Titelhinweis, damit der Leser weiß, dass nur ein Teil ausgeführt ist. Das Leben selbst nämlich ist fragmentarisch. Wen wundert es da, dass seine Werke auch davon geprägt sind. Am Ende der »Harzreise« kommt Heine darauf zu sprechen, dass der Reisebericht Fragment bleibt und die bunten Fäden »plötzlich, wie von der Schere der unerbittlichen Parze, abgeschnitten« werden. Vielleicht, so sinniert der Autor, »verwebe ich sie weiter in künftigen Liedern«. Also ist das eine mit dem anderen aufs Engste verwandt, gelegentlich ein und dasselbe. Der junge Heine meint, und das charakterisiert ihn bis zum Schluss, dass man sich »überhaupt einmal« aussprechen müsse: »Mögen die einzelnen Werke immerhin Fragmente bleiben, wenn sie nur in ihrer Vereinigung ein Ganzes bilden«. Nicht umsonst taucht zuvor das Wort »harmonisch« auf. Dass die Welt zerrissen ist und das Herz des Dichters ebenfalls, verkündet Heine an anderer Stelle der »Reisebilder«. Die Harmonie bleibt unerreichbar. »Zu fragmentarisch ist Welt und Leben!«, beginnt Nr. LVIII von »Die Heimkehr« im »Buch der Lieder«. Auch der deutsche Professor, zu dem er sich begeben will, da der »das Leben zusammenzusetzen« weiß und »ein verständlich System daraus« macht, bekommt sein Fett weg: »Mit seinen Nachtmützen und Schlafrockfetzen / Stopft er die Lücken des Weltenbaus«. Nicht umsonst hat Heine im Rahmen seiner Wissenschaftskritik manche gelehrte Bemühung als »spinnwebige Berliner Dialektik« bezeichnet, so in der Vorrede zur 2. Auflage des zweiten »Salon«-Teils von 1852, in der er für seine eigenen literarischen Darstellungen wieder vom »Fragment« spricht und im Rahmen der großen »Gottesfrage« und seiner eigenen Sinneswandlung auf die damalige deutsche Philosophie abzielt, die keinen Hund hinter dem Ofen hervorlocken und keine Katze töten könne, »viel weniger einen Gott«.

Fragmente bedeuten die Möglichkeiten, als Mosaikstein oder durch ein Gebilde aus vielen Einzelstücken wenigstens eine Ahnung zu vermitteln vom Ganzen, vom Besseren, vom Versuch und von der Anstrengung. Manches davon bleibt vergeblich. Der so forsche Dichter ist sich des eigenen Vermögens bei aller vorhandenen und von Kritikern immer wieder betonten Selbstverliebtheit gar nicht so sicher – und des unabänderlichen Fortschritts trotz aller technischen und sozialen Hoffnungen ebenfalls nicht. Gleichwohl ist er sich der Kraft der literarischen Darstellung und ihrer Wirkung bewusst und glaubt an die sinnvolle Berufstätigkeit des Autors, Dichters und Denkers.

Lyrische Tradition in neuer Weise. Heine eignet sich die vorausgegangene Tradition aufgrund seiner besonderen sprachlichen Begabung an und verändert Einzelheiten nicht von heute auf morgen, sondern eher behutsam und stetig, und zwar so sehr, dass aus seinen Bemühungen jener berühmte, wenn nicht berüchtigte Heine-Ton entsteht. Das bezieht sich besonders auf die frühe Lyrik des »Buchs der Lieder« und des Zyklus »Neuer Frühling« aus den »Neuen Gedichten«, die von so vielen deutschen wie ausländischen Adepten nachgeahmt beziehungsweise einverleibt worden sind. In den Niederlanden gab es die Mode kleiner Gedichte im Heine-Stil genauso wie es bei russischen Übersetzungen Usus wurde, sogar den Baumbestand, wie ihn die deutschen Linden mit ihren herzförmigen Blättern als Liebessymbol transzendieren, zu landschaftlich gewohnteren Birken zu verwandeln. Eine derartige Einverleibung von lyrischen Versatzstücken konnte natürlich dazu führen, dass die Verse kaum noch als Heine-Gedichte zu erkennen waren, aber wenigstens die sentimentale, weniger die ironische Haltung spiegelten.

Das gilt aber auch für die politischen Gedichte und ihre scharfe Abrechnung mit unerträglichen Zuständen, von deren

empörter wie spöttischer Haltung sogar die österreichische
Kaiserin Elisabeth Gebrauch machte. Und natürlich auch für
die späte Bewältigung der eigenen Nöte, ohne die eine Aus-
sprache über Sinn und Unsinn der Existenz sowie der Krankheit
zum Tode gar nicht mehr gedacht werden kann. Die seinerzeit
durchaus noch en Vogue seienden Versepen wie »Deutschland.
Ein Wintermärchen« haben den Blick geschärft und ihren aufregenden Reiz bis heute bewahrt. Dessen respektlose Verse gegen jegliches Duckmäusertum, wider religiös verbrämte politische Absichten und souveräne Anmaßungen wurden teilweise
als der Deutschen neuer »Faust« verstanden und immer wieder
zitiert. Die Heimat »Deutschland«, wie das Versepos nicht umsonst durch den oft genug zu wenig im Leserbewusstsein veran-
kerten Obertitel überschrieben ist, zu lieben und sie dennoch,
nach einem von ihm auf der Reise erlebten, anhand der ab-
wechslungreichen Stationen drastisch erzählten und vieldeutigen »Wintermärchen«, wieder zu verlassen, weil in ihr zu leben
den Atem nimmt, gehört für Heine zu den Grunderfahrungen
einer tragischen Zerrissenheit. Die hohen Gedanken und Leistungen des Vaterlandes der Dichter und Denker werden, so wi-
dersprüchlich es aussehen mag, gerade in der Fremde, im Exil,
gerettet und für die Nachwelt als Entwurf einer tragfähigen Zukunft aufbewahrt und ausgeformt. Dabei kann Nachbarschaft
gefördert und das jeweils klassische Erbe der humanen Tradition zu einem gemeinsamen Ganzen zugunsten einer liebens-
würdigeren Welt zusammengefügt werden. Es erklingt somit in
der Tat ein »neues Lied«, ein »besseres Lied«, das der düsteren
Gegenwart den Spiegel vorhält, das sich gegen die Verweise auf
den Trost auf Jenseitsentwürfe verwahrt und das irdische Glück
beschwört mit seinen »Zuckererbsen für jedermann«. Der literarischen Kritik gelingt es dadurch, was viele denken, wünschen
und fühlen, in Worte zu fassen. Heine hat sich einem solchen
Dienste der politischen Dichtung wie vordem Aristophanes

und Dante, auf die er sich am Schluss ausdrücklich beruft, mutig und selbstbewusst unterzogen, und zwar nicht nur in diesem klassischen Epos.

Fotografische Schärfe. Im Rahmen seiner Berichterstattung aus Paris hat Heine sich nicht mehr als frei die Geschehnisse interpretierender Maler verstanden, was ihm vor der von ihm selber deutlich beobachteten technischen Entwicklung eher in einer die Natur überhöhenden Weise in den Sinn gekommen wäre, sondern als Daguerreotypist oder nach heutiger Ausdrucksweise als Fotograf. Die Wirklichkeit war es, die betrachtet und in Worte gekleidet werden musste. Ihre unleugbare Substanz erhielt sie durch die neue Kunst der technisch genauen und naturgetreuen Abbildung, die nicht mehr von Farbe und Geschmack des Künstlers abhängig war, sondern von der wahrheitsgemäßen Wiedergabe der Realität. Und obgleich er bei seiner Einschätzung von Werken der Malerei davon überzeugt war, »Supernaturalist« bleiben zu wollen, weil der Künstler über eine das bloße Abbild hinausweisende Art und Weise die Wirklichkeit wiederzugeben oder einzufangen versteht, so sehr auch war es ihm parallel dazu ein Bedürfnis, die vom Schriftsteller und Journalisten zu schildernde Realität nicht zu erfinden oder zu überhöhen, sondern ihr genau jenes Gesicht durch eine sich annähernde Sprache zu verleihen, wie das, was er für diesen Augenblick oder durch eine bestimmte Szene oder gemäß dem notwendig anzuprangernden Zustand wiedergeben wollte.

Was er beschrieb, lag ihm tatsächlich vor Augen, allerdings dem äußeren wie dem inneren. Beides zusammen schuf das Gesamtbild. Bei dieser Schilderung gelang ihm nicht nur eine besonders originelle Auswertung der zeitgenössischen Meldungen durch die Presse, sondern eben besonders durch eingeschobene Erzählungen von Begegnungen, aufgeschnappten Gesprächsfetzen oder bewegten Gestalten bei Festen und Mas-

kenbällen oder Ausstellungs- und Konzertbesuchen. Darum
ist der Vergleich nicht zu weit hergeholt, seine Schreibweise
sogar schon mit einer filmischen Berichterstattung zu verglei-
chen, wo Bilder, Schnelligkeit, Veränderung, Wortwechsel,
Geräusche, Mimik etc. eine Rolle spielen. Die Gerüche, auf deren Wahrnehmung wir bisher auch im Film verzichten müssen,
wurden ihrerseits von ihm ebenfalls eingefangen, der nicht
versäumte, die unterschiedlichsten Wahrnehmungen und die
abwechslungsreiche Begleitmusik des täglichen Lebens anzu-
geben. Und da die Anfänge der Fotografie schwarz-weiß waren, zauberte er bei Bedarf auch die Farben hinzu. Echte Kon-
turen nach der Natur und sämtliche Ergänzungen durch die
Sinne, Empfindungen wie Erinnerungen des Autors, das in
etwa ist seine literarische Leistung.

Ironie und Satire. Nicht alles so auszudrücken, dass man das
Gemeinte als schlichte Wahrheit vorgesetzt bekommt, sondern
den dargestellten Gegenständen, so ernst sie im Prinzip sein
sollten, noch die komische Seite abzugewinnen und nichts so
tragisch zu nehmen, dass man nicht darüber schmunzeln, lachen oder wenigstens rätseln müsste, ob das denn ganz ernst
gemeint sei. Solche Form der Darstellungskunst fand in Heine
ihren Meister. Jede Weise der Ironie, der indirekten Sprechweise mit Über- oder Untertreibung, die bis ins Bissig-Satiri-
sche weitergetrieben werden konnte, und der eher liebenswürdig ruhige Humor, der besänftigt, erheitert und an der Lächerlichkeit von Zuständen und Personen teilhaben lässt: gerade
dafür ist Heine berühmt und berüchtigt. Auch dafür, dass er
ungern des lieben Friedens willen einen Witz fallen ließ oder
abmilderte.

Wortprägungen wie »famillionär« für das Verhältnis zum
reichen Onkel in Hamburg, die Erklärung von Liebeskummer
oder besser Liebesschmerz als »Zahnweh im Herzen«, wie

der Erzähler am Ende des »Buchs Le Grand« das lebenslange »Elend« beschreibt, oder die Charakterisierung der »süßesten Garnichtsgedanken«, denen der junge Herr von Schnabelewopski vor dem Alsterpavillon beim Betrachten der Mädchen nachhängt, gehören zweifellos zu den einprägsamen Einfällen. Solcherlei, an die heutigen Techniken bei der Erfindung von Werbesprüchen erinnernde Schöpfungen oder ungewöhnliche, ja unziemlich oder respektlos erscheinende Reime wurden zu seiner faszinierenden Spezialität. Wilhelm Solms hat in einem Beitrag von 2004 über Heines »Reine und unreine Reime« darauf hingewiesen, dass dem beklagten »Heineton« aus dem »Buch der Lieder« im gesamten 19. Jahrhundert der Einfluss von Heines »veränderten Reimen« auf die Lyrik des 20. Jahrhunderts positiv entgegenzuhalten sei: die unbedeutenden Reimwörter und Zeilensprünge bei Rilke, die ausgefallenen Reimklänge bei Benn und Rühmkorf, die eigens verhunzten Reime bei Karl Valentin oder die Spott- und Neckreime bei Bernstein und Gernhardt.

Heine spielte auf der Klaviatur einer mehrdeutigen Sprache und was er sagen wollte, daran feilte er, wie seine Manuskripte zeigen, so lange, bis Wort und Wahrheit eine verständliche Einheit bildeten, zumal durch die Kunst der Übertreibung als verdeutlichende Zugabe. Dennoch darf man nicht darauf verfallen zu glauben, alles bei Heine sei nicht ganz ernst gemeint. Dafür gibt es zu häufig die heroische Geste, die ungebrochen ›sentimentale‹ Aussage im Sinne von Anteilnahme und persönlicher Überzeugung. Dass in der Ironie die wahren Gefühle oft genug verborgen oder versteckt werden, ist allerdings ebenso wahr. Die Fähigkeit besteht im Doppelsinn und in der Relativierung. Es handelt sich zweifellos um die Sprache eines Erwachsenen von intellektuellen Graden, der dennoch sein kindliches Herz nicht verleugnet. Die australische Literarhistorikerin Margaret A. Rose, jetzt Cambridge/GB, hat Wesentliches dazu gesagt.

Was untergründig bis heute in aller Welt nachwirkt, ist die aufklärerische Haltung unseres Dichters. Er nimmt kein Blatt vor den Mund und sieht zuerst die Rechte und Bedürfnisse der Menschen. Deren Misshandlung durch unmögliche Vorschriften von Sitte und Moral bekämpft er mit allen ihm zur Verfügung stehenden sarkastischen Mitteln. Wenig ist für ihn festgefügt oder auf ewig. Selbst das Wort »europamüde« ist ihm nicht fremd, da er weiß, wie überlebt bestimmte Überzeugungen und Lebensformen geworden sind, trotz Reformation und Revolutionen. Kritik kann durch ihn, den Schriftsteller als den einzelnen, der seine Stimme immer stellvertretend oder probeweise erhebt, an allem geübt werden, was zur Sozialisation gehört. Sei es Religions- oder Staatskritik, Kritik an nationalistischen Verhaltensweisen oder am Kunstbetrieb, an Verkrustungen oder Altererstarrungen von Menschen und Gemeinschaften, am Wissenschaftsbewusstsein in Schul- oder Hochschultradition. Heine macht vor nichts Halt, lässt sich durch nichts abschrecken und hat nur bedingt Respekt. Eltern- und Geschwisterliebe, Anhänglichkeit an Geburts- und Wohnort wie Düsseldorf und Paris, an liebgewordene landschaftliche Eigenheiten, jawohl. Aber ansonsten lässt er keinen Witz oder keine Frechheit aus, wenn es darum geht, sich eben nicht behaglich im »Status quo« mit seiner Frau Mathilde festzusetzen, wovon er in seiner Krankheit ironisch dichtet.

Gerade mit dem »Maulwurfsglück«, das er den Hamburgern als falsche Genügsamkeit beim Abschied von Deutschland vorgeworfen hat, will er nichts zu tun haben. Ruhe ist nur sehr bedingt die erste Bürgerpflicht. Jedenfalls verteidigt er keinerlei Stillstand, als wenn damit schon alles gewonnen sei. So sehr und wie oft auch viele aufklärerische Ideen vor die Hunde gegangen oder gescheitert sein mögen, der eigene Verstand

Folgen über Folgen durch Leben und Werk: Vorbild und Anregung und die Einsicht in die menschlichen Rechte und die humane Würde sowie die Erkenntnis vom Wert jedes Menschen in seiner Individualität, der nicht einem System oder der Machtbesessenheit von besserwisserischen Gruppen geopfert werden darf, sind seiner tiefsten Überzeugung nach nicht auf einem Altar hartherziger Interessen einigen unbewiesenen und erfundenen angeblichen Wahrheiten darzubringen.

Interpretation und Vergegenwärtigung. Heine weiß früh, dass die Sprache und die Verhältnisse, die sie ins Wort bringt, gründlich befragt werden müssen: Was ist richtig, was tut den Menschen wirklich gut. Ein Beispiel für seine Interpretationskunst überlieferter sprachlicher Formen und deren ursprünglicher Vergegenwärtigung bietet bereits die zweite »Bergidylle« aus der »Harzreise«. Nicht nur, dass Goethes »Faust« dabei in Erinnerung gerufen wird und sich eine Gretchenszene ergibt, wichtig ist vor allem, dass das junge Mädchen, das sich vertrauensvoll an den jungen studentischen Wanderer wendet, in die Tiefen der christlich-trinitarischen Gottesvorstellung (vom übrigens damals noch nicht getauften, jüdischen jungen Schriftsteller) eingeführt wird, indem Angst und Furcht vor dem Bösen und Dunklen durch seine Erläuterungen zerstreut werden, weil die von der jungen Frau verwendeten Begriffe bei richtigem Verständnis genau ihr Gegenteil bedeuten und sich durch rechtes Verständnis auflösen lassen. Also eine Befreiung durch Sprachkritik als Gesellschaftskritik und obendrein noch die Zugabe spontaner junger Liebe: »Küsse mich und schaue dreist; / Denn ich selber bin ein solcher / Ritter von dem Heiligen Geist.« Die Worte werden so lange befragt und auf ihren ursprünglichen Sinn zurückgeführt, bis die gesellschaftliche Verfremdung des Ursprungs von Gut und Wahr deutlich wird und abgelehnt werden kann. Die Jugend wird ihren aufgeklärt freien Weg dann schon machen.

Gerade auch die bürgerliche Entwicklung, für die es trotz aller Rückschläge zu kämpfen gilt, lag ihm am Herzen. Insofern war seiner Meinung nach keinesfalls zu trennen zwischen Politik und Moral, Rücksichtnahme und Fortschrittsglaube, um zu einer positiven Veränderung einer sich emanzipierenden Welt zu gelangen, die möglicherweise auch, wie die Heinesche Hoffnung und Erfahrung aufgrund der von ihm aufmerksam wahrgenommenen technischen Entwicklung von Dampfschiff und Eisenbahn es beschwören, dem Tod aufgrund neuer Erkenntnisse nach und nach ein Schnippchen zu schlagen weiß. Das ist neben einer inzwischen jedenfalls prognostisch in mancher die Lebensdauer betreffenden Perspektive geradezu bestätigenden Weise zugleich eine auf die Zukunft hin utopische Sicht einer ihm unaufhaltsam erscheinenden historischen Entwicklung gegen menschliche Urängste von Verlust und Vergehen, die sich auch angesichts eigener Leiden in seiner »Matratzengruft« keineswegs in Verzweiflung auflöst. Ganz im Gegenteil. Mehr, als man seinem bissigen Ton in vielen religiösen Belangen zutrauen mag, fühlte sich Heine in der Tradition der von ihm so sehr geschätzten und benutzten Bibel und ihrer prophetischen Botschaften wohl. Umso schneller kam er den anmaßenden Auslegern auf die Schliche. Berühmt wurde im Sinne solcher biblischen Arbeit an der eigenen Gegenwart und Zukunft seine Warnung an die Franzosen, den furor teutonicus zu beachten und das gewaltige Unheil, das wie ein katastrophales Naturereignis über die Welt und besonders über die Nachbarn hereinbrechen würde. Oft genug wurden die Zeilen aus seiner Darstellung »Zur Geschichte der Religion und Philosophie in Deutschland« als prophetische Interpretation des Dritten Reiches und seiner Folgen gelesen.

Beachtenswert war Jahrzehnte später der Bezug auf Heine und damit eine quasi direkte Beteiligung seiner offenherzigen

Folgen über Folgen durch Leben und Werk: Vorbild und Anregung

Botschaft an den Montagsdemonstrationen in Leipzig 1989. Der Autor, der zum staatstragenden Dichter der DDR ausgerufen war und eventuell dadurch hätte in Misskredit geraten können, wurde bei den Montagsdemonstrationen der friedlichen Revolution vor der deutschen Wiedervereinigung mit jenem Satze aus »Deutschland. Ein Wintermärchen« zum Anwalt des Protestes, der bewies, dass alle den Dichter richtig verstanden hatten, so wie er selber der ursprünglichen Sprachbedeutung auf den Grund gegangen war:

Ich kenne die Weise, ich kenne den Text,
Ich kenn auch die Herren Verfasser;
Ich weiß, sie tranken heimlich Wein
Und predigten öffentlich Wasser.

Menschenrechte und große Fragen. Für die Menschenrechte tritt Heine sein Leben lang ein. Und darum interessieren ihn die großen Fragen, die er denn auch benennt. Sei es die große »Suppenfrage«, mit der er am Ende seines Lebens seine frühe Tragödie »William Ratcliff« erklärt, oder die große »Kamelfrage«, die das Verhältnis von Arm und Reich in der Welt immer wieder zur Debatte stellt, oder die große »Frauenfrage«, die ihm aufgrund eines französischen Prozesses gegen eine Frau, die nach jahrelangen Misshandlungen ihren Mann umgebracht hatte, als eine solche von Gerechtigkeit zugunsten der gequälten Delinquentin erscheint. Nicht die Mörderin, der Ermordete ist schuldig, lautet seine Devise. Die »wichtigste Frage der Menschheit«, wirft Heine an einer Stelle ein, sei die »Gottesfrage«. Wie die verschiedensten Zeiten und Völker sich den Schöpfer oder Gott oder die Götter vorstellen, so entwickeln sie ihr Menschenbild. Heine selbst ist unbefangen, aber religiös interessiert, begeisterter Leser der Bibel, aber im Alltagsleben ohne größere Bindung an Gemeinde oder Kirche.

Stets ist es der enorme Widerstand gegen das Leiden und sein
grundsätzlicher Zweifel, der auch die Theologen beschäftigt,
beispielsweise Karl-Josef Kuschel in der Studie »Gottes grau-
samer Spaß? Heinrich Heines Leben mit der Katastrophe« von
2002.

Heine verfolgt genau, ob die Menschenwürde zählt und
wie die Länder ihre Einwohner behandeln. Er sieht Europa auf
dem Wege einer ideologischen Verflechtung: es gebe keine
Nationen mehr, sondern nur noch Parteien, heißt es schon
in den italienischen »Reisebildern«. Gleichzeitig verteidigt er
die quasi angeborenen Besonderheiten und lobt oder tadelt ei-
gentümliche Begabungen von Herz und Sinn. Auch die weitere Welt hält er im Blick. Seine Reiseinteressen verwandeln
sich während der Jahre der Bettlägerigkeit zu einer Vergegenwärtigung differenter Kulturen. Ist die neue Welt besser als die
alte? Die Missachtung und Misshandlung der amerikanischen
Schwarzen ist ihm ein Gräuel. Die unabhängigen »Freiheits-
flegel« Nordamerikas sind ihm genauso verdächtig wie die
»Knute« in Russland. »Jetzt wohin«, das bleibt seine ratlose lyrische Frage angesichts einer Welt, die so viele Chancen böte,
aber durch egoistische Machtinteressen oder verbohrte Moral-
vorschriften das Leben zur Qual macht. Sicher ist: Heine spürt
den Rassismus und hält dagegen. Er fürchtet den Nationalis-
mus als verengendes Korsett eines angeblich notwendig ab-
zuschottenden Selbstbewusstseins der kleineren, in sich verwandten Einheit und für ein Hindernis auf dem Weg zu einer
im Größeren notwendigen menschenfreundlichen Nachbarschaft auch mit angeblich Fremden und Unbekannten. Er ver-
achtet jene durch selbsternannte Machthaber pervertierten
Verknüpfungen von noch so heilvoller Religion und noch so
notwendigem Staat, wodurch Unmündigkeit und Abhängigkeit gefördert werden und psychische wie physische Ungerech-
tigkeiten an der Tagesordnung sind. Das alles auf Kosten je-

ner, die unten stehen, klein und unselbständig. So sehr er die Sterne als Bild eigener Verlorenheit zum Gleichnis erhebt, so beharrt er als politischer Schriftsteller auf der Forderung nach dem Glück und Wohlergehen für alle.

Fragen nach Sinn und Unsinn der Existenz haben Heine sein Leben lang beschäftigt, nicht erst unter den quälenden Bedingungen der letzten Krankheitsjahre. Als Beispiel mögen Hinweise auf das Gedicht mit dem ausdrücklichen Titel »Fragen« innerhalb der freirhythmischen »Nordsee«-Gedichte dienen. »Am Meer, am wüsten, nächtlichen Meer« fragt der junge Dichter in der ersten Strophe »die Wogen« mit folgenden Sätzen der zweiten Strophe:

> O löst mir das Rätsel des Lebens,
> Das qualvoll uralte Rätsel,
> Worüber schon manche Häupter gegrübelt,
> Häupter in Turban und schwarzem Barett,
> Perückenhäupter und tausend andre
> Arme, schwitzende Menschenhäupter –
> Sagt mir, was bedeutet der Mensch?
> Woher ist er kommen? Wo geht er hin?
> Wer wohnt dort oben auf goldenen Sternen?

Die vier Zeilen der dritten und letzten Strophe vermögen nur Ratlosigkeit und Desillusion zu konstatieren:

> Es murmeln die Wogen ihr ewges Gemurmel,
> Es wehet der Wind, es fliehen die Wolken,
> Es blinken die Sterne, gleichgültig und kalt,
> Und ein Narr wartet auf Antwort.

Nicht nur, dass unter so vielen ergiebigen Objekten der literarischen Darstellung immer die Narren hervorstachen, die es dem Dichter angetan haben. Die ausstehende Antwort benennt er fortwährend als das eigentliche Problem jeglichen Nachdenkens über Halt und Sinn. »Laß die heilgen Parabolen«, beginnt darum das erste Gedicht des kleinen Zyklus »Zum Lazarus« unter den »Gedichten. 1853 und 1854« und fährt gnadenlos gegen die Versuche der Heilserklärer fort:

> Laß die frommen Hypothesen –
> Suche die verdammten Fragen
> Ohne Umschweif uns zu lösen.

Danach folgen die drei Strophen der quälenden Fragen mit ihrem am Ende widerspenstig aufmüpfigen mangelnden Reimwort eines verzweifelt selbstbewussten Autors, der sich nichts vormachen lässt und keinen Abgrund auslässt. Souveränität auch in der Verlorenheit oder Ratlosigkeit, nicht aufgeben, sondern standhalten, da die Welt ist, wie sie ist – nach so manchem beglückenden Jubel und großen, immer noch reizvollen Unverschämtheiten eines Dichterlebens die sachliche Summe einer auf sich selbst zurückgeworfenen Existenz, die sich nichts vormacht:

> Warum schleppt sich blutend, elend,
> Unter Kreuzlast der Gerechte,
> Während glücklich als ein Sieger
> Trabt auf hohem Roß der Schlechte?

> Woran liegt die Schuld? Ist etwa
> Unser Herr nicht ganz allmächtig?
> Oder treibt er selbst den Unfug?
> Ach, das wäre niederträchtig.

Also fragen wir beständig,
Bis man uns mit einer Handvoll
Erde endlich stopft die Mäuler –
Aber ist das eine Antwort?

Selbstbewusstsein und Skepsis. »Ich bin ein deutscher Dichter, / Bekannt im deutschen Land«, so lautet die frühe Feststellung, die bis zum Lebensende durchgehalten wird. Darum will er auch in Frankreich sich nicht naturalisieren lassen, sondern für den Grabstein in Paris den Spruch parat haben, dass hier ein deutscher Dichter ruhe. Dies spricht einerseits von rührender Anhänglichkeit, und zwar nach, neben und trotz aller Probleme mit der Zensur und Demütigungen durch eine oft altbackene Gegnerschaft, und andererseits dennoch für sein literarisches Selbstbewusstsein aus der Erkenntnis heraus, dass er seine Aufgabe im Rahmen der deutschen Literatur- und Geistesgeschichte zu erfüllen habe. Mit anderen Worten: er weiß früh, wie groß seine eigene Bedeutung ist, die ihn zwar mit einer gewissen Eitelkeit ausstattet, die ihm jedoch nach Lage der Dinge und seiner Wirkungsgeschichte als zwanglose Folge der einmal im Literaturbetrieb einer damals sogar schon von ihm als »japanischer Ruhm« wahrgenommenen und somit erlangten Rolle im Weltgetriebe zufällt. Er hat für die Rechte der Menschen gekämpft. Seine Themen und Darstellungen galten der Aufklärung und Emanzipation in jedem Sinne. Zur gleichen Zeit ist ihm bewusst, dass bei aller Zukunftshoffnung alles nur bedingt zu sehen ist oder nur teilweise ans Ziel gelangt. Insofern ist er von einer gewissen Melancholie bestimmt, die ihn jedoch niemals ganz niederbeugt. Man könnte auch sagen: Er bleibt angesichts mancher zu beobachtenden Fortschritte in der Entwicklung der bürgerlichen Gesellschaft, was die Durchsetzungskraft des Guten angeht, stets voller Skepsis. »Nichts ist vollkommen hier auf dieser Welt. / Der Rose ist der Stachel beigesellt«, beginnt das VII. Gedicht der »Lamentationen«. Solche »Unvollkommenheit« bezieht sich selbst, so reimt und glaubt er »gar«, im Himmel »droben« auf »die lieben holden Engel«, die »nicht ohne Mängel« vorstellbar seien, jedenfalls für ihn nicht, den ewig ironisch misstrauischen Kenner der irdischen Beschaffenheit mit ihren höheren Fluchtpunkten.

Schon in den »Lamentationen« seines »Romanzero«-Bandes von 1851 gab es einen Zyklus »Lazarus«, dessen erstes kleines Gedicht die Überschrift »Weltlauf« trägt. In diesen zwei Strophen bringt Heine seine Skepsis gegenüber der bestehenden sozialen Ordnung zum Ausdruck. Wie der arme Lazarus in der Beispielerzählung Jesu der ökonomischen Falle zu Lebzeiten nicht entrinnen konnte, aber dem Troste des Himmels überantwortet wird, so ist hier von ausgleichender Gerechtigkeit erst gar nicht mehr die Rede. Also Fortsetzung religiöser Verheißungen mit anderen rein diesseitigen, säkularisierten Mitteln, womit Heine auch sonst so häufig, besonders im Versepos »Deutschland. Ein Wintermärchen« operiert. Er fordert ein Weltbewusstsein ein als praktische Verantwortung der Herrschenden zugunsten oft genug mangelnder irdisch angemessener Bedingungen. Der romantische Kuss von Himmel und Erde verlangt seiner Auffassung entsprechend nach einer Einlösung der Glücksbedingungen und ihrer Voraussetzungen hier und jetzt. Die beiden Strophen des Gedichts »Weltlauf« mögen als Fanal seiner folgenreichen Aufklärung innerhalb des Fortschritts im Bewusstsein für die Menschenrechte dienen:

Hat man viel, so wird man bald
Noch viel mehr dazu bekommen.
Wer nur wenig hat, dem wird
Auch das Wenige genommen.

Wenn du aber gar nichts hast,
Ach, so lasse dich begraben –
Denn ein Recht zum Leben, Lump,
Haben nur, die etwas haben.

Mit größerer Ironie ist durch End- wie Stabreime die soziale Frage und der Wert des Einzelnen unter allen Ideologien und Systemen nicht auf den Punkt zu bringen.

Literarische, filmische, künstlerische und kulturelle Folgen als Reaktion

So viel bleibt sicher: Heine ist nach wie vor interessant. Er kann gleich mit mehreren ungelösten und immer wieder anzupackenden Detektivgeschichten aufwarten. Wenigstens ist seit 1990 die Sache mit seinem Geburtshaus in der Bolkerstraße 53, das nach seinen Worten einst sehr »merkwürdig« sein werde, geklärt und für die Öffentlichkeit gut ausgegangen, ein Thema, das nicht nur unter dem Stichwort Gedenkstätten in Erinnerung gebracht werden muss. Diese Merkwürdigkeit hat ihren Reiz und trotz bester Zwischenlösungen einen offenen Ausgang behalten. Aber auch sein Geburtsdatum, seine Krankheit, seine Religion, seine Denkmäler lohnen genauso offenbar seit Generationen neue Betrachtungen und Fragestellungen, deren Beantwortung an kein Ende zu gelangen scheint. Obendrein kommt ein Dichter selten allein, sondern hat nach und nach zahlreiche Formen der Beschäftigung mit seinem Leben und Werk im Schlepptau. Auch der entsprechenden Leute sind nicht wenige, die damit sogar ihr Brot verdienen. Und sobald sich ein gewisser Mythos gebildet hat, versuchen verschiedene Truppen mit zum Teil bereits ererbten Argumenten gegeneinander anzutreten und die jeweils anderen der Fehldeutung zu bezichtigen. Das ist bei Heine nicht anders, wenn auch wiederum besonders in seinem Falle aus vielen uns immer wieder begegnenden Gründen manchmal verspätet, ein andermal noch kontroverser. Stets war bei allen oft sogar weltweit geführten Diskussionen untergründig ein Grollen sogenannter Ewiggestriger zu vernehmen, die mit einem vieldeutigen Achselzucken zu verstehen gaben, dass doch Heine wohl etwas an sich haben müsse, was diesen Streit provoziere. Mit anderen Worten: er war wie in anderen Fällen auch aus diesem oder jenem nicht passend sprich angepasst zu machenden Grund wieder einmal selber schuld.

Auch wenn es nicht gerade an literarischen Heine-Büchern wimmelt, so kann doch festgestellt werden, dass nicht nur etwa heute völlig unbekannte Autorinnen oder Autoren des 19. Jahrhunderts sich des Lebens und Werks von Heine bemächtigt haben. Sein Echo findet sich tatsächlich gelegentlich in eigenen Romanen oder Theaterstücken gewichtigerer Verfasser, ganz zu schweigen von wie nebenher eingestreuten Heine-Texten, -Anspielungen oder -Motiven bei nachgeborenen Schriftstellern, die sich Verweise auf unseren Dichter nicht entgehen ließen oder sich mit ihm, seinem Werk und seiner Wirkung auseinandersetzten. Die Verführungsgeschichte Effi Briests beispielsweise geschieht vor dem Hintergrund von Heine-Gedichten, wie Theodor Fontane überhaupt seinen Heine kannte und verwendete. Gottfried Keller kannte ihn ebenfalls gut, auch wenn er einige Probleme mit ihm hatte. Friedrich Nietzsche pries Heine als Lyriker und hatte seine eigene Botschaft vom Tode Gottes schon bei Heine lesen können. Diese Vorgängerschaft veranlasste den Nachfolger des Theologen Karl Rahner, den Münchener Religionsphilosophen Eugen Biser, im höheren Alter gewissermaßen zu einer Wallfahrt nach Düsseldorf, um dem Dichter seine Reverenz zu erweisen.

Sogar der tragische Kronprinz Rudolf von Österreich, Sohn

der Heine-Verehrerin Sisi, folgte unabhängig von seiner Mutter dem Dichter und schrieb vor dem späteren Selbstmord seine »Reisebilder«. 1907 erschien, gewissermaßen zum Auftakt eines berühmten, von den Zeitläuften in arge Mitleidenschaft gezogenen Autorenlebens, die bei dem bedeutenden Münchener Germanisten Franz Muncker entstandene Dissertation von Lion Feuchtwanger über Heines »Der Rabbi von Bacherach«. Und in jenen Jahren vor dem Ersten Weltkrieg prägte der jüdische Anarchist Erich Mühsam, der Heine als seinen »literarischen Urgroßonkel« deklarierte und den die Nazis 1934 ermordeten, den hinreißenden Schüttelreim: »Das wär' ein rechter Schweinehund / dem je der Sinn für Heine schwund.« Kann man in eigentümlicher, gegen jeglichen Strom schwimmender Radikalität für Heine besser Reklame treiben als mit solcher Frechheit?

Die aus Wuppertal stammende und in Jerusalem gestorbene Dichterin Else Lasker-Schüler lässt schon allein den Titel ihrer »Hebräischen Balladen« an Heine anklingen, ist erfüllt von den mütterlichen Erzählungen, die unter anderem auch über Heine gehen, und leistet Widerstand gegen Karl Kraus. Und später fühlen sich Mascha Kaléko oder Hans Sahl, ja auch noch Chaim Noll in der Heineschen Gefolgschaft gut aufgehoben. Kein Wunder also, dass sich die in Czernowitz geborene und in Düsseldorf gestorbene Lyrikerin Rose Ausländer in ähnlicher Weise als seine jüdische Schicksalsgefährtin verstand. Damit besitzt sie eine mehr als nur herkunftsmäßige oder landschaftliche Verbindungslinie zum Lyriker Paul Celan. Immer besaß das literarische Heine-Andenken auch eine durch Verfolgung und Emigration verstärkte melancholische Note. Sein Gedicht »Denk ich an Deutschland in der Nacht, / Dann bin ich um den Schlaf gebracht« lieh dem Exil vieler jüdischer und nichtjüdischer Emigranten während des Nationalsozialismus den unüberbietbaren Ausdruck.

Die Folgen

Die Brüder Heinrich und Thomas Mann wussten sein Werk
zu schätzen: Heinrich trat für ein würdiges Düsseldorfer Denkmal kurz vor Ausbruch des Dritten Reiches ein und fand in seinem Aufruf 1929 die wunderbare Charakteristik: »Er ist das
vorweggenommene Beispiel des modernen Menschen.« Über
»Thomas Manns Heine-Rezeption« existiert eine umfangreiche
Studie aus dem Jahre 1975 von Volkmar Hansen, der Redakteur bei der Düsseldorfer Heine-Ausgabe war und anschließend
Direktor des dortigen Goethe-Museums wurde. Ein Heine-Ro-
man des späteren DDR-Schriftstellers Werner Steinberg, ein
Wanderer zwischen den politischen Lagern von West nach
Ost, der anderthalb Jahrzehnte nach seinem Heine-Erfolg unter dem Titel »Protokoll der Unsterblichkeit« auch einen Büch-
ner-Roman vorlegte, war besonders verbreitet. Er trug den ver-
führerischen Titel »Der Tag ist in die Nacht verliebt«, erschien
zunächst 1955 im Verlag Deutsche Volksbücher, Stuttgart und
erlebte im Mitteldeutschen Verlag, Halle/Leipzig im 100. Todesjahr des Dichters über zwanzig Auflagen. Aus diesem Buch mit
seiner anregenden Darstellung schöpften, so sagt man, gelegentlich selbst ratlose Philologen. Dass die Problematik zwischen den beiden deutschen Staaten auch literarisch zu Poli-
tikskandalen führte, zeigte Ende 1976 die Ausbürgerung von
Wolf Biermann von Ost nach West: ohne dessen immer wieder
präsente Bezüge auf Heine wäre diese schmachvolle Epoche
gar nicht zu begreifen.

In der jüngeren Gegenwart hat die literarische Bezugnahme
auf Heine nicht nachgelassen. Als Beispiele seien der Dank des
Argentiniers Jorge Luis Borges für Heines »Nachtigallenspra-
che« oder das Gedicht der 1995 verstorbenen australischen
Poetin Gwen Harwood genannt, deren Strophen »Long After
Heine« eine alltägliche Familienszene aus weiblicher Perspek-
tive beschreiben; Heines Lüneburg-Gedicht »Mein Herz, mein
Herz ist traurig« hat dabei kräftig souffliert. Die Prosa-Remi-

niszenzen betreffen dagegen vor allem das Reisen: So schreibt der ostdeutsche Dichter Thomas Rosenlöcher kurz nach der Wende im Jahre 1991 die »Harzreise« nach, indem er ihr durch »Die Wiederentdeckung des Gehens beim Wandern« den modernen Touch verleiht, oder beziehen sich Benjamin von Stuckrad-Barres Reisebilder eben auch auf Heine.

Nebenher würde sich lohnen, nicht nur auf die belehrsamen oder künstlerischen Heine-Filme zu schauen, die es inzwischen gibt, und unter denen besonders der 1983 ausgestrahlte Fernsehfilm von Karl Fruchtmann, des früh aus der Emigration heimgekehrten Thüringers mit Arbeitsstation in Bremen, unter dem Titel »Heinrich Heine – Die zweite Vertreibung aus dem Paradies« als besonders anrührendes Beispiel herausragt. Es sei der Spürsinn auf kleine Anspielungen und Versatzstücke in internationalen Filmen gelenkt, wie sie durch Zitate oder Vertonungen immer wieder in der Vergangenheit, aber genauso in der Gegenwart wahrgenommen werden können. Wenn in Josef von Sternbergs amerikanischem Film »Die blonde Venus« von 1932, mit Marlene Dietrich in der Hauptrolle, Mendelssohns Heine-Vertonung »Leise zieht durch mein Gemüt« erklingt, so scheint dieses Motiv seine symbolische Kraft bis zum Abspann des Films von Eytan Fox »Walk on Water – Er hasste seinen Feind bis er ihn traf«, Israel 2004 und Gewinner bei der Berlinale im selben Jahr, zu entfalten. Esther Ofarim mit ihrer diesem Lied einen bezaubernden Schmelz verleihenden Stimme singt es dort auf Hebräisch und Deutsch. Und wenn Marylin Monroe auf einem Foto auf dem Bett liegend eine englische Heine-Ausgabe zur Hand genommen hat, mag das ironisch gestellt wirken und zu ihrem zeitweiligen Schriftstellerehemann Arthur Miller passen. Wenn sie aber im Film »Blondinen bevorzugt« (1953) von Howard Hawks als Vornamen über den von Heines Vorzeigefelsen Lorelei und über den stabreimenden Hausnamen Lee verfügt, muss das kein nur hübscher Zufall sein.

Die Arbeiten an den großen Heine-Ausgaben, die seit den 1970er Jahren zu erscheinen begannen, wurden einerseits flankiert durch die von Michael Werner vorgenommene »Fortführung« der von Heinrich Hubert Houben ins Leben gerufenen »Gespräche mit Heine«, die ursprünglich 1925 (2. Auflage 1948 in Potsdam!) einen einzigen Band gefüllt hatten, unter dem neuen Titel »Begegnungen mit Heine. Berichte der Zeitgenossen« in mittlerweile notwendigen zwei Bänden aus dem Jahre 1973, andererseits durch die systematische Lektüre von Zeitungen und verwandten Publikationen aus der Heine-Zeit, womit eine sich immer mehr auswachsende Fülle zeitgenössischer Stimmen über den Dichter ergab. Die zahlreichen Blätter und Organe, die ausgewertet wurden, tragen gelegentlich fabelhafte Titel und erzählen allein dadurch bereits von späteren Geschmacksunterschieden zum damaligen Biedermeier mit allen seinen extrem unterschiedlichen Erscheinungen und Bestrebungen. Es galt versunkene Quellen zu heben, an deren Vielfalt niemand auch nur im Geringsten geglaubt hatte. Schließlich ergaben sich in dem Vierteljahrhundert von 1981 bis 2006 zwölf umfangreiche Bände (Bde. 1–6 hrsg. von Eberhard Galley und Alfred Estermann; Bde. 7–12 hrsg. von Christoph auf der Horst und Sikander Singh) mit deutschen Zeugnissen unter der Überschrift »Heinrich Heines Werk im Urteil seiner Zeitgenossen«, dazu 1996, 2001 und 2002 drei Bände für »Die französische Heine-Kritik«, die von Hans Hörling betreut wurden. Eine jahrelange Arbeit, gelegentlich freundschaftlich-ironisch als solche von ›Lesesklavinnen‹ bezeichnet, fand so nach einer ebenfalls viele Jahre umfassenden Publikationsvorbereitung ihr benutzerfreundliches Ende. Von der 1. Nummer, der Verlagsanzeige der Berliner Maurerschen Buchhandlung vom 13. Dezember 1821, bis zur letzten Nr. 5853 vom 30. De-

Literarische, filmische, künstlerische und kulturelle Folgen als Reaktion

zember seines Todesjahres 1856 spannt sich der große Bogen einer zeitgenössischen Wirkung im deutschsprachigen Raum, wie sie ständiger Entdeckerlust bedarf. Gilt nicht der erste Satz der ersten öffentlichen Verlautbarung über ihn in den »Berlinischen Nachrichten von Staats- und gelehrten Sachen« so, dass er als Programm bis heute gelesen werden kann? »Wie verschieden auch die Urteile über den Wert dieser Poesien ausfallen mögen«, setzt die Anzeige ein, »so wird doch jeder gestehen, dass der Verfasser derselben durch seltene Tiefe der Empfindungen, lebendige humoristische Anschauung und kecke gewaltige Darstellung eine überraschende Originalität beurkundet.«

Der Nachruf aus der Feder des österreichischen Schriftstellers und Publizisten Ignaz Kuranda (1812–1884), als Nr. 5591 aufgenommen und in der Wiener »Ost-Deutschen Post« vom 20. Februar 1856, dem Tage von Heines Beerdigung, erschienen, bringt als erste große Würdigung das Thema der Folgen auf den anschaulichsten Punkt: »Heinrich Heine, der langjährige Gegenstand blinder Verehrung und einer eben so blinden Anfeindung, ist nicht mehr. In der Tat! Nur wenige Dichter oder Schriftsteller haben während ihres Lebens so enthusiastische Bewunderer und so erbitterte Feinde gehabt. Während die Einen ihn als den größten lebenden Dichter, als den geistreichsten Schriftsteller priesen, fanden die Andern ihn leichtfertig, unsittlich, weihelos als Dichter, ohne Treu und Glauben, Würde und Ernst als Schriftsteller.«

Der in Prag geborene Jude fährt fort: »Die Einen hielten sich nur an seine Vorzüge, die Anderen nur an seine Fehler. Die heiße Liebe und der glühende Hass, die ihm die Mitwelt geschenkt, beweisen also, dass er ein Mann mit großen Tugenden und großen Fehlern – mithin ein großer Mensch war!« Dieser Beitrag Kurandas, dem jede Nörgelei des späteren Karl Kraus fremd ist, wird so ziemlich umrahmt von der Todes-

nachricht durch Heines Bruder Gustav, der das »Wiener Frem-
denblatt« herausgab, am 19. Februar 1856 (Nr. 5589) und am
20. Februar, also am selben Tage, von der brüderlichen Mel-
dung, Gustav werde einige Tage im Kreise der Familie in Hamburg zubringen und danke für die vielen Beweise der herzlichs-
ten Teilnahme am Tode des Dichterbruders (Nr. 5592). Die be-
sagte letzte Notiz vom Ende des Todesjahres stammt aus dem
Berliner »Magazin für die Literatur des Auslandes«. Heines
Freundin Friederike von Hohenhausen weist auf die Probleme
der Übersetzung Heinescher Verse ins Französische hin: Die
Franzosen hätten »den deutschen Dichter in letzter Zeit als
den ihrigen betrachtet«, besäßen gleichwohl keine einzige
genießbare Übersetzung seiner Gedichte. Man habe ihn in
Prosa übertragen, wobei Heines »Hauptschönheit natürlich
ganz verloren ging«. Ein neues Beispiel, das »Buch der Lieder«
im Versmaß des Originals zu geben, zeuge dagegen »von Ge
schick und Verständnis«. Dennoch sei der Versuch nur ein Beweis, »dass die deutsche Sprache das schönste Gewand für die
Heinesche Muse ist; Heine ist unübersetzbarer als irgendein
anderer Dichter.« Für die lyrische Wirkung, für den weltweiten
Erfolg stellte diese Beobachtung, die selbstverständlich nicht
nur für das Französische gilt, die größte Herausforderung dar.

Genauso ertragreich wurden die anderthalb Jahrhunderte
seiner »Nachwelt« als »Geschichte seiner Wirkung in den
deutschsprachigen Ländern« von 1856 bis 2006 durch Dietmar
Goltschnigg und Hartmut Steinecke in den Jahren 2006, 2008
und 2011 in drei opulenten Bänden dokumentiert. Besonders
anzuerkennen sind die jeweilig luziden Einleitungen, die zu-
sammengenommen eine ganze, fast 500 Seiten umfassende
Wirkungsgeschichte Heines oder Ereignishistorie darbieten
und somit eine ebenso differenzierte wie farbige Darstellung
von Heines Folgen bilden. Insgesamt 400 Textauszüge aus
150 Jahren bilden dafür einen verzweigten Fundus oder unbe-

dingt die für uns Späteren beachtlichen Epitaphe in wahrlich abwechslungsreichen Katakomben, die immer einen Besuch lohnen. Der Flor der Heine-Freunde nach seinem Tode bis in die Gegenwart ist eindrucksvoll vertreten, selbstverständlich auch jene Namen, die in unserem Zusammenhang den Beleg bilden und eine Rolle spielen. Die Gegner fehlen ebenso wenig. Heine war in der Tat immer ein »Streitobjekt«, wie Jost Hermand seinen 1983 publizierten Überblick über die Heine-Forschung von 1945–1975 genannt hat.

Wer sich mit dem Thema der Nachwelt beschäftigt, wird bald merken, dass in diesem Standardwerk kaum etwas ausgelassen wurde und nicht leicht besser zu bewältigen war. Es beginnt mit Erinnerungen des aus Prag stammenden und mit Heines ›Mouche‹ befreundeten Alfred Meißner aus dem Todesjahr 1856 und endet mit einem Gedicht des Literaturkenners Hans-Peter Fischer, dem Fontane oder Thomas Mann gewissermaßen täglich hinterfragte Gesprächspartner sind, mit dem Titel »Heine. Letzter Blickkontakt« nach 150 Jahren. Zuvor kündet der Brief des damaligen Präsidenten der Bayerischen Akademie der Schönen Künste zu München, Dieter Borchmeyer, aus dem März 2006 von der erwünschten Aufstellung einer satzungsgemäß weißen marmornen Büste Heines in der von ihm selber zwar bespötttelten Walhalla des bayerischen Königs Ludwig I. nahe Regensburg, was denn Ende Juli 2010 nach manchen, selbst im nun wahrlich verdienten Ehrungsfall nicht mehr verwunderlichen Auseinandersetzungen zwischen verschiedensten Seiten auch geschah. Der naseweisen Besserwisser gibt es immer und auch derjenigen, die glauben, eigentlich am Schalter gedreht zu haben. Sei's drum. Es kann der Beste nicht im Frieden leben oder in Ruhe tot sein, Heine schon gar nicht.

Auch wer den Dichter ansonsten nicht kennt, sobald Musik gehört wird, dem sind, ob man will oder nicht beziehungsweise
es ausdrücklich vernimmt oder weiß, wohl auch Texte und Melodien von Heine-Vertonungen untergekommen. Komponisten
haben Heine von Anfang an entdeckt und sich in Heerscharen
vor allem auf seine frühe Lyrik gestürzt. Das gilt auch bei größeren musikalischen Unternehmungen, so für das beliebte und
verbreitete Ballett »Giselle« von 1841, dessen Musik von Adol-
phe Adam stammt; wobei das Szenario allerdings auf Heines
»Elementargeister« zurückzuführen ist. Dort hat der ebenso
ehrliche wie dankbare französische Dichter Théophile Gautier
auf der Jagd nach geeigneten Sujets den Stoff gefunden und
ihn anschließend ballettkonform gestaltet. Die Sage über die
Willis, jene vor der Hochzeitsnacht gestorbenen und mit ihrem
nächtlichen Tanz Verderben bringenden Bräute samt ihrer Pro-
tagonistin hat die Bühne beispielsweise bis Havanna auf Kuba,
wo Alicia Alonzo wirkte und durch ein Düsseldorfer Heine-Zei-
chen geehrt wurde, erobert und großen Ballerinen mehrerer
Generationen eine Paraderolle geboten. Dass Pietro Mascagni
nicht nur die »Cavalleria Rusticana« geschaffen hat, sondern
auch die 1895 in der Mailänder Scala uraufgeführte Oper nach
Heine »Guglielmo Ratcliff« soll an dieser Stelle Erwähnung finden, genauso wie die Adaption des »Doktor Faust« von Werner
Egk unter dem Titel »Abraxas«, was 1948 in München einen
handfesten Skandal hervorrief. Ruhiger verlief zweifellos 1992
die Kieler Uraufführung der Oper »Aus der Matratzengruft«
von Günter Bialas mit dem Untertitel »Heine-Liederspiel«. Im
Staatstheater Kassel wurde 2008 »Himmelfahrt. Satire in einem
Bild nach Heinrich Heine« von Richard Beaudoin uraufgeführt,
womit ein nicht einfacher Text über die unruhig vorurteilsvolle
Betrachtung verschiedenster menschlicher Herkünfte musika-

Literarische, filmische, künstlerische und kulturelle Folgen als Reaktion

lisch entfaltet wird. Eine Komposition des Heineschen Versepos »Atta Troll. Ein Sommernachtstraum«, als Gesamtkunst-
werk aufgrund eines Mitte der 1980er Jahre erfolgten Auftrags
der Heine-Gesellschaft durch Hans Werner Henze an dessen
1951 in Stratford-upon-Avon geborenen-Schüler David Graham
vergeben und unter textlicher Mitarbeit von Hans-Ulrich Trei-
chel geschaffen, harrt noch einer adäquaten Aufführung, die
dem anspruchsvollen Bühnengeschehen gerecht werden muss.

Das spektakuläre Hauptereignis musikalischer Vermittlung
Heines geschah und geschieht zweifellos durch das Lied. So
wenig dem Dichter eine tiefere musikalische Ausbildung oder
Kenntnis bescheinigt werden kann, umso mehr ist sein Verständnis für musikalisch-kulturelle Prozesse und deren Beschreibung von Reklame, Wirkung und Publikum zu bewun-
dern. Als Kulturhistoriker verfolgt er in der »Lutetia« den Gang
der menschlichen Ausdrucksmöglichkeit von der »Architek-
tur« der Ägypter über die »Bildhauerkunst« bei den Griechen
zur Malerei »am Ende des Mittelalters« und hält dafür, dass die
Musik »vielleicht das letzte Wort der Kunst« sei wie der »Tod
das letzte Wort des Lebens«. Tiefsinniger und schöner kann
man nicht ausdrücken, was sich auf Sphärenhoffnungen bezieht. Also ist er als Dichter zwar ganz dem Wort als dem Anfang und dem Ende ergeben, doch eigentlich dem Zauber des
Klanges verfallen, obgleich er die damit verknüpfte Romantik
längst hinter sich gelassen hat. Diese wirkt selbstverständlich
dennoch fort und erobert einen ihrer Höhepunkte in Heines
Musikalität der Sprache und Verse. Das gilt allein der kompositorischen Anzahl nach vor allem für das »Buch der Lieder« und
den Zyklus »Neuer Frühling« aus den »Neuen Gedichten«, jedoch nach und nach auch für die politischer und persönlicher
werdenden Gedichte der späteren Jahre. All das setzt eine auf-
regende Kompositionshistorie in Gang, wie sie ihresgleichen
sucht.

Das Loreley-Gedicht mit seinen Anfangszeilen »Ich weiß nicht, was soll es bedeuten, / Dass ich so traurig bin«, im 19. Jahrhundert allein etwa vierzigmal vertont, hat mit und ohne Friedrich Silcher, wenn auch in der Tat am wahrnehmbarsten wirklich mit dessen Hilfe seiner Vertonung von 1838, womit wir gerne Karl Kraus Recht geben, die Solosänger und Chöre und somit auch das weltweite Publikum erreicht. Ist das ein Wunder zu nennen angesichts dieses Tübinger Musikdirektors an der Eberhard-Karls-Universität, dem für so viele traurigen Anlässe im Leben auch die rührende Vertonung von »Ich hatt' einen Kameraden« aus der Feder von Ludwig Uhland gelang sowie die Melodie für die Verse »So nimm denn meine Hände und führe mich« entlehnt wurde? Überhaupt das deutsche Lied. Beim Festival ›Heidelberger Frühling‹ kam ihm seit nunmehr zwei Jahrzehnten eine besondere Stellung von Pflege und Vermittlung zu. Einer der das Festival begleitenden Sänger, der amerikanische Bariton Thomas Hampson, der sich auch immer wieder besonders der Heine-Vertonungen annimmt, bezeichnet das Lied nicht von ungefähr als »Spiegel der Welt«. Insofern hat sich Heidelberg zu einem ›Internationalen Liedzentrum‹ herausgebildet, wo es mit Hampson und neuerdings Thomas Quasthoff verständlicherweise immer auch um Heine geht. Denn er gehört nun einmal zu den meistvertonten deutschsprachigen Lyrikern, dessen Verse von den berühmtesten und begabtesten Komponisten des 19. Jahrhunderts bis in die Gegenwart beachtet, geliebt und in Noten gebracht wurden. Nicht umsonst verfiel Heine bei der bekanntesten Gedichtsammlung, die denn auch die meisten Vertonungen nach sich zog, auf jenen Titel, der Sprache und Musik in sich vereinigt: »Buch der Lieder«.

Wie so oft bei Grundlagensammlungen hat sich des musikalischen Verzeichnisses kein Fachwissenschaftler, sondern ein organisatorisch wie technisch sehr begabter wahrer Lieb-

Literarische, filmische, künstlerische und kulturelle Folgen als Reaktion

haber Heines und seiner in Musik gesetzten Werke, nämlich der ebenso findige wie fündige Günter Metzner in seinem von 1989 bis 1994 im renommierten Musikverlag Hans Schneider, Tutzing erschienenen zwölfbändigen Werk »Heine in der Musik. Bibliographie der Heine-Vertonungen« angenommen, so dass deren Riesenzahl von inzwischen über den erfassten Zeitraum hinaus wohl etwa 10 000 Einzeltiteln eine mehr als differenzierte Auflistung erfährt und beispielsweise durch die eigene Bestandsaufnahme von über 2500 Komponisten eindrucksvoll erklärt wird.

Spezialuntersuchungen zu den großen Namen der Komponisten, die Heine vertont haben, machen auf die enge Verbindung von Text und Ton aufmerksam und können als wesentliche Vertiefung des Schaffens jener Musiker beitragen, die ihrerseits von Heine fasziniert gewesen sind. Sonja Gesse-Harms hat im Heine- und Schumann-Jahr 2006 aus Anlass des 150. Todesjahres der beiden ihre gegen 700 Seiten umfassende Studie »Zwischen Ironie und Sentiment. Heinrich Heine im Kunstlied des 19. Jahrhunderts« vorgelegt und damit eine verlässliche Zusammenschau über Heines entsprechende Textvorlagen, über die namhaften Künstler und bedenkenswerten Konstellationen der einschlägigen Musikproduktion verfasst. Sie liefert damit, das muss zur Erklärung des speziellen Forschungskonzepts und der übrigen fachspezifischen Forschungskontexte gesagt werden, nur eines unter vielen Exempeln des musikwissenschaftlichen Interesses an Heine-Vertonungen vom Tanz bis zum klassischen Solo-Lied ab.

Franz Schubert, ein Altersgenosse Heines, der allerdings schon kurz nach Erscheinen des »Buchs der Lieder« starb, bewegt mit den sieben Heine-Liedern aus dem sogenannten »Schwanengesang« bis heute die Gemüter. Die Hörgewohnheiten sind verschieden, die Anteilnahme aber beispielsweise beim Vortrag des Liedes »Das Meer erglänzte weit hinaus«

zählt zu den verbindenden Elementen des kulturellen Erlebnisses. Felix Mendelssohn Bartholdy hat sowohl Sololieder und Chorlieder geschaffen, wobei sich die Vertonung von »Leise zieht durch mein Gemüt« eine besonders große Anhängerschaft verdient hat. Und seine Wahl von »Auf Flügeln des Gesanges« spricht für die gesamte Kunst der Kombination von Wort und Musik, wie sie für Heine und seine Komponisten zur gegenseitigen Befruchtung geführt hat. Nicht zu vergessen die Heine-Vertonungen seiner Schwester Fanny Hensel, die ihrerseits unter der damaligen Abwertung weiblicher Künstlerschaft zu leiden hatte.

Auch das Werk des mit Heine ein problematisches Verhältnis unterhaltenden bzw. zu erleidenden Giacomo Meyerbeer weist einige Heine-Vertonungen auf, während Robert Schumann, der dem Dichter ebenfalls persönlich begegnete und von der 1828 stattgefundenen Münchener Begegnung mit ihm, gleich nach dem Abitur, fasziniert war, geradewegs zu den Großmeistern des Heine-Liedes zählt. Vor allem der »Liederkreis« op. 24 und die »Dichterliebe« op. 48 tragen bis heute Heines romantischen Ton, jedoch auch seinen damit teilweise gekoppelten und damals bereits beobachteten göttlichen »Amor mit dem Pferdefuß« in die Konzertsäle. Auch die »Myrthen« op. 25 enthalten Heine-Gedichte, darunter das berühmte und beliebte »Du bist wie eine Blume«. Dass Schumann ebenfalls Beispiele aus der Romanzen- und Balladendichtung vertont hat, spricht für seine ganz exquisite Heine-Nähe. Von den »Grenadieren« war bereits die Rede. Und dass seine als Konzertpianistin berühmte Frau Clara geb. Wieck sich ebenfalls einiger Heine-Texte kompositorisch angenommen hat, wurde erst in der jüngeren Vergangenheit zu Recht immer wieder beachtet und gewürdigt.

Der geniale Franz Liszt gehört zu den Komponisten Heines genauso wie der unermüdliche Johann Vesque von Püttlingen alias J. Hoven aus Wien, der durch fast 150 Vertonungen von Heine-Gedichten neben Robert Franz aus Halle an der Saale mit beinahe 70 Heine-Liedern zu den anhänglichsten Musikern gehört. Zur Abrundung für das 19. Jahrhundert sei nicht vergessen, Wagners zwar späteren Abfall von Heine nicht aus dem Auge zu lassen, gleichzeitig aber an die literarische Nachahmung Heines bei seinen eigenen Texten wie die motivische Abhängigkeit einiger Musikwerke von Heine zu erinnern. Bei den Opern haben bekanntlich der »Fliegende Holländer« sowie »Tannhäuser« ihren Ursprung in Heineschen Erzählsplittern oder einer balladesken »Legende«.

Mit späteren Komponisten aus der jüngsten Vergangenheit und Gegenwart, und zwar nicht nur aus dem deutschen Sprachbereich, setzt sich der Potsdamer Germanist und Musikwissenschaftler Arnold Pistiak auseinander. Für solcherlei Arbeiten erweisen sich zum Glück die »Heine-Studien« sowie das »Heine-Jahrbuch« als zuverlässigste Sammelbecken. Die Auseinandersetzung mit Heine trägt ihre Früchte auch gegenwärtig im Rahmen der sogenannten ernsten Musik, hat aber ebenfalls auf dem Unterhaltungssektor Fuß gefasst. Hier können, gewissermaßen im Rückschluss an die oben bereits genannten Werke größerer Art, nur wenige Andeutungen auf die Fülle und Variationsbreite des musikalisch-darbietungsbezogenen Heine-Komplexes erfolgen. Es seien einige Namen von Komponisten mit manchmal erstaunlich vielen Heine-Vertonungen bis in die jüngste Zeit hinein als kleine Litanei der Folgen oder besser als deren mehrstimmiger Kanon auf diesem Sektor genannt:

Ob nun bereits für die ersten zwei Jahrzehnte des 20. Jahrhunderts auf Karl Weigl mit seiner »Frühlingsfeier« von 1909 oder Eugen Borisowich Onegin alias Agnes Elisabeth Overbeck mit den »Roten Pantoffeln« von 1920 und Chöre von Hermann Scherchen und Hanns Eisler wenig später verwiesen werden mag, Heine besitzt einen zeitlich gewissermaßen wechselnden Fundus, der je länger je mehr, auch was die späteren Gedichte betrifft, nie versiegt. Von Géza Frid »Das Sklavenschiff« von 1956; von Georg Katzer »Das ist eine weiße Möwe« von 1974 in der DDR; von David Blake die Liederfolge »From the Mattress Grave. A cyle of twelve songs to poems by Heine for highvoice and eleven players«, wie eine kammermusikalische Arbeit wirkend und 1979 uraufgeführt, darunter übrigens »Der Asra« mit jenem hinreißenden Geständnis des Sklaven gegenüber der ihn befragenden Sultanstochter, er sei aus jenem Stamme der Asra, die da »sterben, wenn sie lieben«; von Rolf Liebermann »Die schlesischen Weber für Kammerchor und Klavierquintett. Für Hans Mayer« von 1997, ein »Juwel in der Schatzkammer der Heinevertonungen« (A. Pistiak); von Moritz Eggert »Doktrin« sowie weitere Gedichte, darunter »Der Abgekühlte« in den Jahren 2005/06; von Richard Farber, wie er 2015 bekannte, in den letzten etwa fünf Jahren an die 100 Heine-Gedichte. Die Reihe ließe sich mit Namen wie Paul Dessau, Otto Klemperer, Peter Janssens, Hans Georg Pflüger, Rainer Bredemeyer, Tilo Medek oder Heike Beckmann fortsetzen, verlangt aber obendrein wenigstens den Hinweis auf die schauspielerisch-kabarettistische Heine-Darbietung, so bei der erfolgreichen »Heine-Revue« von 1972, oder in den mitreißenden Heine-Liedern Katja Ebsteins, vertont von Christian Bruhn, 1975. Vorausgegangen war übrigens längst vor der Studentenbewegung von 1968, der unser Dichter erstaunlicherweise auch akademisch knapp vorausging, die vier Jahre zuvor bereits so bewunderte Heine-Symbiose von Lyrik und Jazz durch das Attila Zoller-Quartett mit dem Sprecher Gert Westphal. Das Publikum lässt sich gerne mitreißen, wenn die Darbietung so hinreißend ist, wie die Texte es verdienen.

Heine-Gedenkstätten, Heine-Denkmäler und Heine-Kunst

Im Falle Heines könnte man die Relikte seiner biographischen Vergangenheit manchmal gar Mahn-Male nennen. So lange hat es mit der Akzeptanz gedauert und wurde der Wille zur adäquaten Präsenz des Dichters auf die Probe gestellt bzw. eine für die Zunftgenossenschaft hingegen längst selbstverständliche Bemühung hinausgezögert. Trotzdem ist inzwischen erstaunlich viel gerettet worden und bleibt durch eine variable Nutzungsmöglichkeit für die Zukunft, die bei anderen Dichtern von oftmals geringeren Graden sogar viel besser bestellt ist, mit Sicherheit ausbaufähig. Mit anderen Worten, man hat mit Heine auch in Zukunft noch zu tun und für sein Andenken zu sorgen.

Das gilt übrigens nicht nur in Düsseldorf und für die wahre Hauptreliquie im immobilen Sinn, nämlich für das im touristischen Gewirr der mit Lokalen üppig versehenen Altstadt liegende Geburtshaus in der Bolkerstraße 53. Dieses konnte vor einem Vierteljahrhundert durch eine Initiative der Heine-Gesellschaft unter Vorsitz des damaligen Düsseldorfer Oberstadtdirektors Gerd Högener für die Öffentlichkeit gewonnen werden und dient nunmehr der Literatur. Die jeweiligen Chancen und Möglichkeiten waren zu nutzen. Zunächst etablierte sich ein Literaturcafé namens »Schnabelewopski«, was zur Beruhigung der wachsamen Obrigkeit trotz seiner Lage an der sogenannten längsten Theke der Welt wenigstens friedliche Zeiten symbolisierte. Nun wirkt seit zehn Jahren dort unter Heines Dach eine Literaturhandlung für die moderne Poesie, so dass der niederländische Schriftsteller Cees Nooteboom das Haus vor allen anderen Dichterstätten nah wie fern als unvergleichlich empfindet und verehrt.

Das mittlerweile gelungene Gedächtnis gilt aber auch für Hamburg mit dem ›Verein Heine-Haus‹. Hier wird dem Gartenhaus Salomon Heines an der Elbchaussee ein passendes Weiterleben ermöglicht, indem der Verein den idyllischen Ort erfolgreich betreut: gewidmet dem Andenken an den verdienstvollen Bankier und Mäzen in Verbindung mit seinem ungebärdigen Dichterneffen. Beate Borowka-Clausberg hat 2013 unter dem Titel »Salomon Heine in Hamburg. Geschäft und Gemeinsinn« entsprechende Tagungsbeiträge zusammengefasst und die öffentliche Wirksamkeit des Vereins erfolgreich forciert. Solche Erinnerungskultur gilt zum Glück inzwischen auch längst für das eindrucksvolle Heinrich-Heine-Haus am Ochsenmarkt in Lüneburg mit seiner kommunalen und kulturellen Bestimmung, wo seiner ebenfalls in freundlicher Beständigkeit gedacht wird.

Gedenkplaketten machen auf Heine an den verschiedensten Orten und Plätzen aufmerksam. Es gibt noch einige andere deutsche Gelegenheiten, an ihn und seine Adressen zu erinnern wie in Berlin, Göttingen oder München. Aber auch für die Bagni di Lucca oder London und für Paris mit ca. fünfzehn Wohnanschriften samt dem Sterbeort 3, avenue Matignon nahe den Champs-Élysées trifft das zu. Glücklicherweise bleibt heute der interessierte Reisende publizistisch nicht mehr unbegleitet. Was sich mit dem Dichter verbinden lässt, seien es Landschaften oder Städte, kann man inzwischen zitatreich in den auf Heine bezogenen Literatur- und Reiseführern nachlesen. Für viele Orte haben sich nämlich kleine Handreichungen ergeben. So erschien 2015, nachdem es gerade für Paris lange Zeit einen Nachholbedarf gegeben hatte, der in letzter Zeit ein wenig gemildert war, ein weiterer Reiseführer auf Heines Spuren in der französischen Metropole bei Reclam.

Nichts ist so aufregend wie die Geschichte der Heine-Denkmäler: die der erwünschten, geplanten und endlich aufgestellten und manchmal auch wieder verschwundenen oder an anderen Orten zur Geltung gekommenen Zeugnisse für das

Andenken an einen Dichter, den man gelegentlich gern ins Abseits stellen oder am liebsten von vornherein verhindern wollte. Kurt Tucholsky lästerte zur hohen Zeit der Debatten um ein Heine-Denkmal, dass deren katastrophales Verhältnis im Vergleich zu den allseits beliebten Kriegerdenkmälern sich »hierzulande wie die Macht zum Geist« verhalte. Dietrich Schubert hat enorm Wissenswertes über die Heine-Denkmäler zusammengetragen in seiner 1999 erschienen Studie »Jetzt wohin? Heinrich Heine in seinen verhinderten und errichteten Denkmälern«. Auch so etwas bedarf der Fortschreibung, wie sie im »Heine-Jahrbuch« 2014 durch Christian Liedtke vorgenommen wurde, der 2006 auch einen Band über »Heine im Porträt« herausgab. Dort wird dem wechselvollen Schicksal der zeitgenössischen Heine-Darstellungen durch Gottlieb Gassen, Ludwig Emil Grimm, Wilhelm Hensel, Moritz Oppenheim und manchen anderen aus der deutschen Zeit, sowie durch die Heine-Künstler wie Isidor Popper, Ernst Benedikt Kietz und sonstigen aus der französischen Zeit nachgespürt. Selbst zu einem Bronzemedaillon aus der Werkstatt von David d'Angers hat er es gebracht. Die Totenmaske blieb das einzige realistische Abbild seiner Persönlichkeit.

Kaiserin Elisabeth, die in Musicals und inszenatorisch gelungenen Ausstellungen weiterlebt, hat den Startschuss gegeben. Ohne die von ihr initiierten oder kreierten Denkmäler gäbe es so vieles nicht: nicht das inzwischen nach hundert Jahren längst restaurierte New Yorker Denkmal des Loreley-Brunnens mit Heine-Medaillon des seinerzeit namhaften Bildhauers Ernst Herter im Joyce-Kilmer-Park nahe dem Stadion in der Bronx zu New York, das ursprünglich auf dem Ananasberg in Düsseldorf seine Wasserspiele zeigen sollte; noch das früher im Park ihrer Villa Achilleion auf Korfu in einem Rundtempel stehende Denkmal des dänischen Künstlers Louis Hasselriis mit dem alten Heine im Schlafrock im Mistral-Park von Toulon in Südfrankreich, das vorher eine Zeitlang zu Hamburg gehörte; noch wahrscheinlich das heutige Aussehen des Heine-Grabes mit der Büste des späten Heine, die sich dem Hasselriis-Denkmal verdankt; noch das durch das Scheitern des ersten Planes entstandene Heine-Archiv im heutigen Heine-Institut mit seiner Heineschen Alabasterbüste von Adolf Schmieding, die immer noch in Ehren gehalten wird und ohne deren Neben- oder Hintergrund kein wichtiges Konterfei späterer Provenienz im Heine-Zusammenhang auskommt.

Die Zwischenlösungen nach dem ersten Desaster für ein Denkmal in Düsseldorf überzeugten nicht, auch wenn man die schwierigen Zeiten ideologischer Wendehalsigkeit zu berücksichtigen hat. Die Maillol-Statue »Harmonie« auf dem Napoleonshügel im Hofgarten rettete in den 1950er Jahren den vor dem Dritten Reich unvollendet gebliebenen Versuch, endlich ein Düsseldorfer Heine-Denkmal Gestalt annehmen zu lassen, keineswegs zur allgemeinen Zufriedenheit: Die Anlage galt als zu entlegen und harmlos! Doch gerade auch die Lösung kurz vor 1933 mit Georg Kolbes »Aufstrebendem Jüngling« als erste Wahl, die nicht mehr ausgeführt wurde, erlebte ihr eigenes Schicksal. Der Jüngling wanderte nach dem Zweiten Weltkrieg in den architektonisch passenden Ehrenhof und wurde erst aus Unkenntnis der ursprünglichen Ablehnung des als zu systemnah empfundenen Bildhauers Anfang des neuen Jahrtausends denn doch mit Heine in Verbindung gebracht. Eine bessere Lösung ließ lange auf sich warten.

Ein anachronistisches Exempel der Heine-Beschäftigung, das nicht gerade zu den Glanzpunkten der Vergangenheitsbewältigung gehört, bildet auf immer noch quälende Weise das Heine-Denkmal von Arno Breker auf Norderney. Was vor dem Dritten Reich, beim Düsseldorfer Denkmalsplan vor 1933 für den damals in Paris tätigen, preisverdächtigen Breker gut begann, endete ein halbes Jahrhundert später in einer selbstrechtfertigenden Aktion des Künstlers, der zu Hitlers Paradebildhauer aufgestiegen war, unterstützt von einer kleinen Mannschaft seiner Befürworter. Den lobenswerten Willen des Nordsee-Kurbads, den berühmtesten Kurgast und Verkünder des Meereszaubers zu ehren, wird man nicht in Frage stellen wollen, wohl aber den rechten Geschmack, was die passende Verknüpfung der Dichterehrung mit dem Vorzeigebildhauer des Nationalsozialismus angeht. Die Malerin Hildegard Peters aus Norden hat sich als Schülerin des aufrechten Künstlers Otto Pankok, der während des Dritten Reiches verfemt und nach dem Zweiten Weltkrieg Professor an der Düsseldorfer Kunstakademie war, jahrzehntelang gegen dieses im mehrfachen Sinne als Unding zu bezeichnende Denkmal gewehrt. Wenn man irgendwo die Wunde Heine bluten sieht, dann hier, indem er zur Absolution von Sündenfällen herabgewürdigt wird, die unverzeihlich sind.

Wie kam es nach mehreren mühsamen Angängen mit teilweise halbherzigem Ergebnis dann doch noch zu einem würdigen Düsseldorfer Heine-Denkmal, fragt man sich verwundert, wenn der zahllosen Diskussionen gedacht wird, die wie immer im Falle unseres Dichters auch mit dem Heine-Monument von Bert Gerresheim am Schwanenmarkt, jener eindrucksvollen »Physiognomischen Vexierlandschaft« aus Bronze mit großen Teilen einer zerschlagenen Totenmaske, damals verbunden gewesen sind, als es zum 125. Todestag des Dichters am 17. Februar 1981 eingeweiht wurde. Es hatte sich ursprünglich schlichtweg um eine thematisch freie mäzenatische Schenkung an den Künstler Bert Gerresheim, Düsseldorfer des Jahrgangs 1935 und ebenfalls Schüler von Otto Pankok, für ein öffentliches Kunstwerk gehandelt, bei dem dieser sich dann explizit für Heine entschied. Dabei war der Künstler durch seinen aus Berlin stammenden Galeristen Hans-Jürgen Niepel von Anfang an beschworen worden, dass nur in Frage käme, endlich für Heine an seinem Geburtsort ein adäquates Denkmal der Moderne zu kreieren. Und das gelang denn auch nach zahlreichen Debatten und Widrigkeiten, wobei es nicht einmal am Versuch von Breker-Freunden fehlte, dessen anschließend in Norderney platzierten ›Heine‹ zunächst als jugendlich passendere Alternative zum Gerresheim-Entwurf ins Gespräch zu bringen. Gerresheim hatte sich als Literaturkenner schon lange mit Heine befasst. In der Entstehungszeit des Monuments war der Heine-»Essay« des damals von ausgewiesenen Heine-Philologen nicht gerade freundlich aufgenommenen Mayer-Schülers, Literaturkritikers und Feuilletonisten Fritz J. Raddatz »Heine. Ein deutsches Märchen« von 1977 nach Aussage des Künstlers für ihn eine anregende Verständnis- und Gestaltungshilfe. Das Denk- und Mahnmal, das an Heines Matratzengruft erinnert und mit seiner auf symbolistische Weise aufgrund von Zeit und Widerständen zersprengten Totenmaske auf professionelle Manier arbeitet, erzählt die schwierige Lebensgeschichte Heines als eine seines Leidens und Sterbens an seinem Geburtsort, bildet einerseits ab und enthält andererseits kunsthistorisch relevante Momente von Reliquiar und Auferstehung oder besser Ewigkeit im Tode oder Leben in der Gewissheit von Botschaft und Wirkung. Also ein Zeugnis von »Heine und die Folgen« durch Würde und Unendlichkeit, Frage und Zweifel, Ruhe und Selbstgewissheit.

Das Heine-Monument ist nur die größte Arbeit zum Dichter, die das Atelier Gerresheims verlassen hat. Eine ausgiebige Studie von Simone Pohlandt des Jahres 2016 unter dem Titel »Auseinandersetzung und Provokation. Die Heinrich-Heine-Denkmäler von Bert Gerresheim« zieht die eindrucksvolle Summe seiner künstlerischen Auseinandersetzung mit dem Dichter. Allein das Werkverzeichnis zu den Heine-Denkmälern Gerresheims enthält am Schluss der über zweihundertseitigen Monographie 66 Titel. Seine Hermenbüste Heines steht seit 2010 in der Walhalla, sein Heine-Buch-Denkmal seit 2012 auf dem Campus der Heinrich-Heine-Universität. Ein vielseitiger Künstler blieb von Leben und Werk des Dichters fortwährend fasziniert und beeindruckt seinerseits inzwischen ein nachdenkliches Publikum. Wenn es aus Heines Vaterstadt stammt, zählt es dieses »Fragemal« inzwischen sogar zu einem der »Lieblingsdenkmäler«.

Heine-Denkmäler gibt es außerdem in vielen anderen Städten in Deutschland und in der weiten Welt. Da ist es wie mit den Straßenbenennungen. Plötzlich gibt es doch so etwas. Ob Russland oder Amerika, dort steht Heine an verschiedenen Orten und das teilweise seit langem. Aber warum in die Ferne schweifen. Bonn mit dem ägyptisch wirkenden Grabeingang von Ulrich Rückriem; München mit der Nausikaa-Gestalt von Toni Stadler; Heiligenstadt oder Halle an der Saale mit einer Heine-Büste und einer bemerkenswerten Darstellung; und Hamburg auf dem Rathausmarkt in Erinnerung an das Heine-Denkmal von Hugo Lederer mit der fast zu zierlichen Heine-Gestalt des Worpsweder Künstlers Waldemar Otto; Berlin mit dem milde die Arme ausstreckenden agilen Heine von Waldemar Grzimek oder Wuppertal besitzen sämtlich ihre Heine-Erinnerung in Gestalt eines Abbilds oder Sinnbilds. Über manche ließen sich ganze Geschichten erzählen, andere sind gar verschwunden gewesen und wurden wieder neu geschaffen. Es ist wie überall auf der Welt, und Heine hat es am eigenen irdischen wie unsterblichen Leib erfahren: Es gibt nichts, was es nicht gibt an Überraschungen, Leiden und Freuden.

Auch was man »Heine-Kunst« von den Anfängen bis in die Gegenwart nennen könnte, darf nicht unberücksichtigt bleiben. Denke man etwa an die künstlerischen Folgen lange nach seinem Tod durch edle Zeugnisse der Bibliophilie und an die in mehrfachem Sinne ergreifenden Illustrationen von Max Liebermann zu Heines »Rabbi von Bacherach« aus dem Jahre 1923.

Oder viel später an Hanne Darboven mit ihrer bescheiden abstrakt die Worte als Ziffernfolge notierende Arbeit zu Heines »Atta Troll« von 1975 oder an Arnulf Rainers Übermalung von Heines Totenmaske von 1979 und an Markus Lüpertz mit seiner Heine-Mappe von 1984, die sich im Titel durch die saloppe Aufforderung auszeichnet, Heine möge sitzen bleiben, bevor der Maler selber in seiner ihm nachgesagten fürstlichen Art der Düsseldorfer Kunstakademie jahrelang als Rektor diente. Auch Alfred Hrdlicka hat sich Heine genähert. Oder der viele Jahre als Vorsitzender des ehrwürdigen Vereins Düsseldorfer Malkasten tätige Maler Albert Fürst, dem eigene Heine-Arbeiten sowie aus seiner Zeit als Vorsitzender dieses Vereins mit Jacobi-Haus und -Garten umsichtig organisatorische Bemühungen zugunsten einer Heine-Kunst durch die Mitglieder zu verdanken sind. Als stete Mäzenin Heinescher Bestrebungen und durch installatorische Annäherungen an den Dichter in dem ansehnlichen Band »Heine. Ein Bildermärchen« hat sich Gabriele Henkel, das kulturelle Engagement des Konzerns repräsentierend, im Heine-Jahr 1997 künstlerische Verdienste erworben.

Bis zum Maler Gerhard Richter reicht die Heinesche Suggestion. Er schuf 2008 ein »Wald«-Buch, wobei den Fotos aus seiner mit Bäumen gesegneten Kölner Nachbarschaft Text-Legenden zugeordnet worden sind, die als Nonsens-Sätze ihrerseits Artikeln einer nur einmal erschienenen, als Examensarbeit dienenden Zeitschrift »Waldung«, eine auch bei Heine auftauchende Prägung, entnommen wurden. Hier kommt der Dichter ins Spiel, indem ein dort erschienener Aufsatz über Heines »Harzreise« zusammen mit anderen Textfetzen der Zeitschrift nunmehr neben den Fotos in verwirrender, völlig durcheinander gewirbelter Weise immer auch von Heine, seinem Lebenslauf, den Bedingungen seiner Zeit und von seiner Harzreise berichtet oder besser: Körnchen der Wahrheit und

Vergegenwärtigung liefert. Kann es eine passendere Würdigung von Auftauchen und Verschwinden, Verwischen und Übrigbleiben geben?

Heine-Forschung und Heine-Gedenkfeiern

Alles, so würde Heine selbst eingestehen, ist vergänglich. Auch die Forschung über ihn und die Geltung der Forschernamen, die sich um ihn und sein Werk verdient gemacht haben. Aus den Augen aus dem Sinn. Die Besten unter den Guten müssen sich dabei nicht unbedingt grün sein, obgleich die Heine-Forschung über positive Allianzen nicht zu klagen hat. Da gibt es innerhalb von Dichter-Gefolgen erschreckendere Beispiele. Bei anderen philologischen Gegenständen jedoch waren die Risse und Brüche zwischen den Meinungen allerdings oft sehr viel weniger von unterschiedlichen Standpunkten und persönlicher Überzeugung geprägt. Die Auslegungsmöglichkeiten bei Heine reizen zum Widerspruch. Immerhin gab es ja die durch die zwei deutschen Staaten geradezu herbeigezauberte Konkurrenz, die sich zum Glück aufgrund eines auf den Dichter bezogenen Zusammenhalts als Idealkonkurrenz die Waage hielt. Zu den Vorarbeiten für philologische Bedürfnisse gab und gibt es mit stets hilfreichen Angaben die, wenn es denn möglich ist, wenigstens versuchsweise das tägliche Heinesche Geschehen notierende »Heine-Chronik« von Fritz Mende aus Weimar, dem Jahre hindurch bemühten Arbeiter im Heineschen Weinberg, längst bevor es die deutsche Einigung gab.

Neue Generationen entdecken darüber hinaus jeweils Anderes an den gleichen, angeblich komplett aufgedröselten Texten. So muss es sein. Nur den Eingeweihten sind noch die frühen Entdecker und Matadore für Heines Ruhm geläufig, von denen oben in Andeutungen bereits die Rede war. Aber auch unter den jüngeren Forschern von Bedeutung gibt es das Absinken in jenes Reich, das im Meer des Vergessens fast so versunken ist wie die Zeit unseres Dichters. Norbert Altenhofer beispielsweise, bis zu seinem allzu frühen Tod Germanist in Frankfurt am Main, muss nicht nur als Herausgeber der Heine betreffenden Sammlung »Dichter über ihre Dichtungen« in drei Bänden aus dem Jahre 1971 genannt werden, sondern weil er damals in der Frühzeit der bundesdeutschen Heine-Renaissance außerhalb der gewissermaßen ›dienstlichen‹ Heine-Orte für den Dichter sehr gescheit in die universitär germanistische Bresche sprang.

Mache man sich einmal das absichtslose Vergnügen und gehe durch die vier großen Heine-Bibliographien aus Weimar (aus den Jahren 1960, 1968, 1986 und 1998). Die Kombination der Betreuer Gottfried Wilhelm aus Leipzig und Eberhard Galley aus Düsseldorf im ersten Band mit zwei Teilen zeigt allen politischen Differenzen zwischen der DDR und der Bundesrepublik zum Trotz, auch was die Auffassung des politischen Schriftstellers Heine betraf, wie sehr der Dichter versuchsweise denn doch eine deutsche Einheit stiften sollte. Für die beiden folgenden Bände zeichnet Siegfried Seifert aus Weimar, wobei seine zweite bibliographische Zusammenschau die russische Kollegin Albina A. Volgina gleichberechtigt in die Titelei mit aufnimmt, was nicht nur dem damaligen staatlichen Zusammenspiel, sondern auch der Kompetenz geschuldet war. Die letzte Heine-Bibliographie für die Jahre 1983–1995 dokumentiert bereits die Nachwendeverhältnisse durch die beiden Bearbeiter Erdmann von Wilamowitz-Moellendorff und Günther Mühlpfordt aus der Anna-Amalia-Bibliothek zu Weimar. Eine jährliche Fortschreibung des weltweiten bibliographisch zu erfassenden Geschehens erfolgt durch die Bibliothek des Heine-Instituts, Düsseldorf im »Heine-Jahrbuch«. Man nehme auch diese hilfreich gegliederten Listen mit jeweils hunderten von neu verzeichneten Titeln immer wieder einmal zur Hand, um das Staunen nicht zu verlernen. Was einem dort an Titeln, Namen und Orten, Übersetzungen und musikalisch-künstlerischen Arbeiten zu Heine, zu Ereignissen und Heine-Wirkungen begegnet, kann schlichtweg als atemberaubend bezeichnet werden.

Die Jahr für Jahr erscheinenden Fortschreibungen in den jeweiligen »Heine-Jahrbüchern« mit ihren Abschnitten zeigen nicht nur die Vielzahl und Unterschiede der Heineschen Vergegenwärtigung an. Die Anzahl der aufgelisteten Titel könnte inzwischen beängstigend und unüberschaubar wirken. Wer wollte das alles noch verfolgen und wirklich wahrnehmen, geschweige denn rezipieren oder gar Wort für Wort lesen. Doch gleichzeitig beruhigt solche Fülle enorm. Das Glücksgefühl für die Heine-Gemeinde, ihren Autor allüberall in so vielen Ländern und Sprachen der Erde beachtet zu sehen, wird jedoch durchaus nicht von einer gelegentlichen Sorge befreit. Dass nämlich Erfahrungen von Trägheit und Versäumnissen zu machen sind, dass es Schwankungen und Lücken gibt und leider auch Erschlaffungstendenzen einer überhaupt nicht verlässlich aufsteigenden Heine-Linie wahrnehmbar bleiben. Wem mehr als Heine selbst wäre nicht klar gewesen, dass es unablässig zu kämpfen gilt und dass für die Heine-Philologen und -Vermittler immer auch ein je eigenes Gefühl der einsamen Bastion existiert.

Umso mehr erfreut ein Zusammenhalt. Der ist hautnah bei Gedenkfeiern zu erleben. Sie haben auf diesem Feld der Nach-Heine-Produktion gewissermaßen in regelmäßigen Abständen die Schleusen geöffnet, die vorhandenen Wunden verbunden und besitzen naturgemäß den Hang zur hagiographischen Beschäftigung. Doch gerade das, was den Anlass nutzte und nach verlagsgemäßen Gründen zur rechten Zeit erschien, hat Heines Bedeutung so recht mit dem entsprechenden Aufwand vor Augen geführt. Das beginnt bereits Ende des 19. Jahrhunderts. Besonders aber sind die Geburts- und Sterbejahre aus den Dezennien nach dem Zweiten Weltkrieg hervorzuheben: 1956, 1972, 1981, 1997 und 2006. Diese Gelehrten-Treffen haben in ihren erstaunlichen Kongressbänden so manches zutage gefördert, von dem sich die internationale Heine- Forschung früherer Generationen nichts oder wenig hätte träumen lassen. Erstaunlicherweise gibt es denn doch immer wieder Neues unter der Sonne, nicht nur an Originalfunden für das Archiv, sondern auch an Ansichten und Interpretationen. Es sollte nicht versäumt werden darauf hinzuweisen, dass solche Gedenkjahre auch im Ausland jeweils gerne an den heimischen Universitäten oder durch das dort ansässige Goethe-Institut für Heine-Kolloquien, Ausstellungen oder Aktionen genutzt werden.

Aber was nützt das Vorgetragene oder Gedruckte allein, wenn es nicht auch etwas zu betrachten und zu durchwandern gäbe. Dankbar sei an die große Heine-Ausstellung »Ich Narr des Glücks« erinnert, die mit Heines Shakespeare-Zitat zum 200. Geburtstag 1997 in Düsseldorf und als »La Lorelei et la Liberté« in Paris gezeigt werden konnte und deren dramaturgische Gestaltung in den Händen des bald darauf tragisch verunglückten Theatermannes und Bühnenbildners Volker Geißler aus Köln lag. Ähnliches war in einer Kombination für Heine und Schumann zu deren 150. Todesjahr 2006 unter der Heineschen Überschrift über die Musik »Das letzte Wort der Kunst« zu beobachten, als beider Protagonisten der Sammlung des Heine-Instituts, des Dichters und seines Komponisten Robert Schumann, gemeinsam gedacht wurde. Diese Ereignisse haben in opulenten Katalogen ihren Niederschlag gefunden: Sie dokumentieren neben den Kongressbänden »Aufklärung und Skepsis« zu Heine sowie »Übergänge. Zwischen Künsten und Kulturen« zu Heine und Schumann einen ebenso heiteren wie ernsthaften Heine-Olymp, wie er als Beleg für beachtenswerte Folgen überzeugender nicht sein könnte.

Von den unterschiedlichen sonstigen Symposien ganz zu schweigen. Ohne die Zusammenkünfte nicht nur wegen eines Geburtstags- oder Todestags-Gedenkens wäre die Heine-Forschung ärmer und die Menge von jungen wie alten Gelehrten hätte nicht die Gelegenheit, gemeinsam zu erleben, wie aus alten Worten neue Gedanken entsprießen und ein gegenseitiger Austausch, ein Fortschritt im Denken möglich ist. Hingewiesen sei darum auch auf das seit fast zwanzig Jahren zum Heine-Geburtstag von Heine-Gesellschaft, Heine-Institut und Heine-Universität bzw. von deren Germanistischem Institut veranstaltete ›Forum Junge Heine-Forschung‹, aus dessen Mitte jeweils im »Heine-Jahrbuch« ein Beitrag und der Bericht über das Ganze erscheint.

Nomen est Omen:
Benennungen und Institutionen

Mit dem eigenen Vor- wie Hausnamen hatte der Dichter seine Schwierigkeiten. Jedenfalls waren sie dergestalt, dass er den Anekdoten, die sich darum bildeten, einigen Raum ließ. Dabei wirkten sowohl der Vorname wie sein Hausnamen seinerzeit durchaus nicht als jüdisches Stigma. Das versuchten erst die Nazis durch die Verwendung der ursprünglich benutzten Herkunftsbezeichnung im Namen: Heymann Bückeburg. Mit Harry und Heinrich und dazu Heine gab es keine Probleme, weil es auch christliche Heines mit und ohne ›von‹ gab. Die eigenen Anspielungen auf den Namen betreffen beispielsweise die abgründige Verwandlung in Frankreich aus einem Henri Heine sprich »Enri Enn« zu einem »Un rien«, also einem Nichts. Und beim Vornamen litt der Schulknabe unter dem »Dreck-

michel« am Rhein, dessen Esel »Haarüh« gerufen wurde, was
seine Klassenkameraden umgehend auf ihren Mitschüler
Harry übertrugen.

Heinrich-Heine-Gesellschaft

Autoren-Vereinigungen haben seit langem den Namen ihres
Patrons zu ehren und im Bewusstsein der Öffentlichkeit zu
verankern gesucht. Schon zu Anfang des 20. Jahrhunderts gab
es auch für Heine die Bestrebung, damit all das geschehe, was
beispielsweise bei Goethe, Schiller und anderen längst durch
eine freie Vereinigung zugunsten der Pflege des Dichter-An-
denkens befördert wurde. Diese Bewegung hängt im Falle Heines eng mit der Denkmalsgeschichte, dem Wunsch nach Erwerbung des Heine-Geburtshauses wie der Entstehung des
Heine-Archivs und der damit verknüpften Forschungslage zusammen. In Hamburg gab es seit 1930 eine Heine-Gesellschaft.
Das Dritte Reich machte solchen Bemühungen ein Ende. Anna
Seghers gründete im mexikanischen Exil Anfang der 1940er
Jahre einen Heine-Club. Gerade diese Aktion macht zugleich
auf die Wunde aufmerksam, die Heine am deutschen kulturellen Körper denn doch seit langem darstellte.

Zum 100. Todestag, dem 17. Februar 1956, wurde in Düsseldorf erneut ein Anlauf genommen. Aus kleinen Anfängen,
oft argwöhnisch betrachtet und übervorsichtig mit revolutio-
närem Gedankengut in Verbindung gebracht, wenn nicht als
kommunistisch infiltrierte Vereinigung verdächtigt, vermochte sich die Heine-Gesellschaft nach holprigem Beginn in die
Landschaft von Erinnerungskultur und Bildungsverantwor-
tung nachhaltig und eindrucksvoll einzubringen. Vor drei Jahrzehnten gehörte sie zu den Gründungsmitgliedern der ›Ar-
beitsgemeinschaft Literarischer Gesellschaften‹ e. V. (ALG) in

Berlin, der nach der Wiedervereinigung auch die besondere Fürsorge für die vielen DDR-Dichtergedenkstätten zufiel.

Das Engagement der Heine-Gesellschaft gerade zur Erwerbung des Heine-Geburtshauses als eines besonders beachtenswerten Ortes unter dem Vorsitzenden Gerd Högener, gleichzeitig Oberstadtdirektor, im Jahre 1990 und wenig später die enorme Einwerbung von heimischer Solidarität und vaterstädtischem Beitrag zum Heine-Jahr 1997, dem 200. Geburtstag des Dichters, unter der Vorsitzenden Johanna von Bennigsen-Foerder, Tochter des zum Widerstand gegen Hitler gehörenden und nach dem misslungenen Attentat vom 20. Juli 1944 zum Tode verurteilten Josef Wirmer, verliehen der Heine-Gesellschaft ein ganz eigenes Profil. Zum fünfzigjährigen Bestehen im Jahre 2006 hat Susanne Schwabach-Albrecht die Geschichte »In Heines Gesellschaft« anschaulich dargestellt. Auf die Verknüpfung mit dem Heine-Institut wird bei dessen Schilderung noch eigens hinzuweisen sein. Die Heine-Gesellschaft erreichte jedenfalls einen etablierten Status im kommunalen Leben und weit darüber hinaus. Durch ihre Initiative konnte eine North-American Heine Society ins Leben gerufen werden, wo neben Sammons die begeisterte Germanistin und Polonistin Martha K. Wallach als Initiatorin und anschließend die Komparatistin Jocelyne Kolb wichtige Zeichen für den internationalen Rang Heines gesetzt haben. Auch eine Berlin-Brandenburgische Sektion der Heine-Gesellschaft konnte Ende 2003 gegründet werden. Was innerhalb der ebenfalls sich ergebenden französischen ›Association des amis‹ für Heine zwischendurch ins Stocken geraten ist, kann wenigstens durch das 1956 gegründete Maison Heinrich Heine von deutscher Seite innerhalb der Fondation de l'Allemagne im Rahmen der Cité Internationale Universitaire de Paris mit ihren Vielländerhäusern zugunsten der Studierenden aus aller Welt durch ein interessantes eigenes Veranstaltungsprogramm und durch Verbindungen mit der Düsseldorfer Heine-Gesellschaft seit langem wieder wettzumachen versucht werden.

Heines Name ist frei. So kommt es leider, dass sogar im ansonsten umsichtig erarbeiteten und sogar als preiswürdig befundenen ›Wikipedia‹-Artikel über Heine jene eigens zum Verfolg für die Ausführung und Aufstellung des nach fünfzig Jahren überarbeiteten Heine-Denkmal-Entwurfs von Arno Breker eingerichtete »Heinrich-Heine-Denkmals-Gesellschaft« mit der fast eine Generation älteren Heine-Gesellschaft verwechselt wird, als habe sie sich für Breker, statt, wie geschehen, für das Denkmal von Bert Gerresheim eingesetzt.

Heinrich-Heine-Universität, Schulpatronate und anderes

Selten hat eine mit Heine zusammenhängende Unternehmung so viel weltweites Aufsehen erregt wie die Benennung der 1965 begründeten, aus einer Medizinischen Akademie hervorgegangenen Universität in seiner Vaterstadt. Was den einen bei einer solchen nicht häufig wiederkehrenden Gelegenheit nur allzu selbstverständlich erschien, weil eine solche Namensverknüpfung als Ehrung für andere bedeutende Namen der deutschen Geistesgeschichte längst mit den akademischen Bildungsanstalten in gebotener Einhelligkeit verbunden gewesen war, entwickelte sich in Düsseldorf zu einem ungeahnten Erdbeben. Das entlud sich als Ablehnung der zuständigen Universitätsgremien Anfang der 1970er und erneut zehn Jahre später. Die Lava kam nicht zur Ruhe, bis schließlich zum 700-jährigen Stadtjubiläum 1988 aus fast schon erkaltetem Auswurf das Fruchtbarste gemacht wurde, was man sich denken kann, indem der Stadt der gewünschte Name als Geburtstagsgeschenk zum Abschluss des Festjahres das frei bestimmte und von der landesherrlichen Trägerschaft glücklich begrüßte Angebinde der Benennung nach Heinrich Heine gemacht wurde. Das brachte ihr denn auch umgehend eine wechselnde und mit Aufmerksamkeit versehene Heine-Professur ein.

Alle Kämpfe scheinen vergessen. Wie selbstverständlich trägt die angeblich früher so sperrige Medizinische Fakultät ihren weißen Kittel mit dem Heine-Namen auf der Brust und will die studierende Jugend nichts mehr von früheren Auseinandersetzungen hören, weil sie solche Schwierigkeiten einfach als zu altbacken bedenklich oder einfach überholt einschätzt. Was sie auch sind! Zu richtig, ja richtungsweisend ist eben, was sich in der Benennung dokumentiert hat. Sollte man immer nur in den alten Wunden wühlen und Vorwürfe parat haben? Mitnichten. Man sollte sich durchaus der aufstrebenden Heine-Linie erfreuen, die ihrerseits jedoch die Kämpfe und Auseinandersetzungen nie ganz und schon gar nicht auf immer und ewig wird vergessen machen können.

Nicht immer leicht hatten es auch die Schulbenennungen nach Heine. Doch sind mittlerweile solche Vorkommnisse als jeweiliger Vorteil begriffen worden wie solche Begebnisse bei den zahlreichen Straßennamen nach Heine auch. Wenn sich irgendwo die Vorliebe der DDR für Heine als den Freund von Karl Marx bleibend niedergeschlagen hat, dann eben in den dort früher bereits maßgebenden Heine-Schulen und Heine-Straßen. In Berlin spricht man beispielsweise im ehemaligen Osten nahe der von Fontane als schönste Berliner Kirche empfundenen katholischen Michaelkirche, die heute an ihren Kriegsfolgen zu tragen hat, sogar von einem Heine-Kiez. Die entsprechende Heinrich-Heine-Straße besaß zur DDR-Zeit ihren eigenen Klang wegen des Grenzübergangs. Und was sonstige Straßenbenennungen angeht, da hatte selbst Jerusalem mit Heine ein Problem, das zwar gelöst wurde, wenn auch nicht eben auf die eleganteste, weil abgelegene Weise. Dagegen hat sich zum Glück die seit Jahrzehnten nach dem Sohn

der Stadt benannte Heinrich-Heine-Allee am Geburtsort geradezu als kregler Umschlagplatz für den Untergrundverkehr mit
ebenfalls lebendigstem Oberweltcharakter gemausert.

Heinrich-Heine-Institut

Auch die im Vergleich zu anderen ehrwürdigen Einrichtungen wie das Freie Deutsche Hochstift mit dem Goethe-Haus
in Frankfurt am Main, das Goethe- und Schillerarchiv in Weimar samt den anderen Einrichtungen der Klassikstiftung oder
das Schillernationalmuseum und Deutsche Literaturarchiv in
Marbach am Neckar geradezu junge Institution kann mittlerweile denn doch auf ein beachtliches Alter und insgesamt auf
eine bemerkenswerte, sogar sehr viel ältere Tradition zurück-
blicken: So ergeht es dem Heinrich-Heine-Institut in Düsseldorf, das Ende 1970 aus der Neueren Handschriftenabteilung
der ehemaligen Landes- und Stadtbibliothek Düsseldorf entstand, wegen des maßgebenden Archivs und als Wiedergut-
machung am vernachlässigten Dichter unter dem Namen Heines verselbständigt wurde und bei den Kultureinrichtungen
der Stadt verblieb, während der gesamte alte, ausgesprochen
reichhaltige Bestand der 1770 als Kürfürstlich Öffentliche Bibliothek gegründeten Einrichtung mitsamt den Mittelalterlichen Handschriften und Inkunabeln als Grundstock der heutigen Universitäts- und Landesbibliothek in Form einer Dauer-
leihgabe an das Land Nordrhein-Westfalen übertragen wurde.

Diese ehrwürdige Bibliothek und gewissermaßen Mutter
des Heine-Instituts, gegründet von Kurfürst Carl Theodor von
der Pfalz, hatte der Schüler Heine in einem Flügel des Schlos-
ses am Rhein selber benutzt und seine Knabenlektüren daraus bezogen genauso wie sein Komponist, der als unglück-
licher Musikdirektor in Düsseldorf von 1850 bis 1854 wirkende

Robert Schumann, der am Rosenmontag des letzteren Jahres in den Rhein gesprungen war und auf eigenen Wunsch in die Pflegeanstalt nach Bonn verbracht wurde. Das Leben ist kein Zuckerschlecken. Dass in der neuen Einrichtung nun beide als Galionsfiguren der niederrheinisch-bergischen Kulturgeschichte ihr Geisterleben fortführen, gehört zu den dankenswerten Entwicklungen im lokalen Andenken an weltweit verehrte Künstler.

Das Herzstück des Heine-Instituts, das Heine-Archiv selbst, blickt seinen Ursprüngen nach auf eine über hundertjährige Geschichte zurück. Das gescheiterte Heine-Denkmal für Düsseldorf, das nach den Plänen der Kaiserin Elisabeth von Österreich an seinem Geburtsort aufgestellt werden sollte, hinterließ Ende der 1880er Jahre einen Denkmalsfonds, aus dem etwa zum 50. Todesjahr Heines eine spezielle antiquarische Heine-Sammlung aus Leipzig für die Landesbibliothek angeschafft werden konnte, sozusagen ein Bücherdenkmal, das nicht einmal ohne eine eigene Alabasterbüste von Adolf Schmieding auf einem ansprechenden Jugendstilsockel auskommen musste. Die Kaiserin also stand im Hintergrund, während ihr Großvater Maximilian Joseph in München als Erbe Carl Theodors jener Kurfürst war, der sich 1806, wie Heine schreibt, »bedanken« ließ. Manchmal runden sich die erstaunlichsten Kreise.

Die Sogwirkung einer Sammlung ist nicht zu überschätzen. Der Heine-Bestand wuchs, erhielt Anfang der 1920er Jahre die Privatbibliothek Heines und nach der Kriegszeit, nachdem schon längere Zeit vorher die Heine-Sammlung schließen musste, aber beibehalten wurde mit der mannhaften Begründung, dass eine deutsche Bibliothek einmal Erworbenes nicht »verkauft«, zum 100. Todesjahr 1956 den Heine-Nachlass, die sogenannte Sammlung Strauß. Sie kam als Besitz einer Frankfurter Bankiersfamilie aus dem Exil zurück und vermehrte sich redlich, war der Ausgangspunkt für die beiden großen Heine-

Ausgaben in Ost wie West, ja erwuchs als Archiv endlich zum Namengeber für die gesamte Neuere Handschriftenabteilung, die inzwischen weit über 100 Nachlässe und Sammlungen vom Barock bis zur Gegenwart aus den Bereichen Literatur, Kunst, Musik und Wissenschaft besitzt, verwaltet, aufarbeitet und für die Öffentlichkeit in Forschung, Publikationen, Ausstellungen und Veranstaltungen bereithält. Das seit dem Heine-Geburtstag 1974 bezogene Stadtpalais Bilker Straße 14, aus der Zeit als der Dichter geboren wurde, mit dem schräg gegenüber liegenden letzten Wohnhaus der Familie Schumann, konnte zum 700-jährigen Stadtjubiläum 1988 um das Nachbarhaus Nr. 12 erweitert werden. Kulturelle Schatzkammern benötigen Platz für Aufbewahrung und Nutzung. Das wird auch in Zukunft nicht weniger dringlich.

Als Archiv, Bibliothek und Museum hat das Heine-Institut seinen Sitz im Kulturleben der Stadt wie des Landes Nordrhein-Westfalen sowie der Bundesrepublik Deutschland und im Konzert der internationalen Heine-, Schumann- und sonstiger Forschung längst gefunden. Das 1962, noch während seiner Zeit in der Landes- und Stadtbibliothek, von Eberhard Galley begründete und als erster Direktor des Heine-Instituts fünf Jahre von ihm fortgeführte »Heine-Jahrbuch« sowie die seit 1971, von Manfred Windfuhr, Neugermanist an der Düsseldorfer Universität und Heine-Editor, ins Leben gerufenen und dann vom Heine-Institut übernommenen »Heine-Studien«, die Arbeiten aus den unterschiedlichsten Bereichen versammeln und teilweise ganze Blöcke von Dokumentationen vereinigen, werden hier betreut und herausgegeben.

Als Zentrum der internationalen Heine-Forschung und Heine-Vermittlung ist das Heine-Institut aus dem öffentlichen Bewusstsein nicht mehr wegzudenken: Ein Dichter lebt auf Regalen der Bibliothek und des Magazins sowie im Safe weiter; all das muss nur sinnvoll benutzt werden. Das Museum mit seiner inzwischen zu einer noch überzeugenderen Dauerausstellung »Romantik und Revolution« gewandelten Präsentation früherer Konzepte und mit den passenden Sonderausstellungen zu vielen sonstigen Themen besitzt für Schulen und Hochschulen, interessierte Kreise und Einzelbesucher aus dem In- und Ausland seine effektive Funktion. Kulturelle Beziehungen führen zum Austausch. Heines auch institutionelle, archivalisch-museale Präsenz ist überall von Nutzen. Seit mehr als einem halben Jahrzehnt hat sich die engagierte Kennerin mannigfaltiger Formen einer kulturellen Vermittlung, Sabine Brenner-Wilczek, als Direktorin des Heine-Instituts dieses wichtigen Gesamtprojektes angenommen und in materiell unbeweglicheren und allemal schwierigeren Zeiten Signale der Heineschen Wirkung besonders beim sehr jugendlichen Publikum zu setzen gewusst. Sie und ihr Team führen somit bewährte Traditionen auf frische und kreative Weise weiter.

Durch die Zusammenarbeit mit der Heinrich-Heine-Gesellschaft ist eine solidarische Gemeinschaft zwischen öffentlicher Einrichtung und einer bemerkenswerten Anzahl von Freunden möglich. Diese Kooperation hat stets als vorbildlich gegolten und wird in anderen vergleichbaren Namens-Institutionen längst mit Erfolg nachzuahmen versucht. Mit anderen Worten: Was sich als Institution etabliert hat, bedarf des individuellen Interesses und der anteilnehmenden Fürsorge. Das gilt auch umgekehrt: Der Wunsch nach Erkenntnis und Erinnerung braucht seinerseits die Einrichtung, die das im Großen erreicht hat, wonach der Einzelne im Kleinen verlangt.

Heine-Auszeichnungen: Übereinstimmung und Nähe

Es gab sie schon früh. Wenigstens mit geziemender öffentlicher Aufmerksamkeit seit dem Zweiten Weltkrieg, etwa den Heinrich-Heine-Preis des Ministeriums für Kultur der DDR, von dessen linkem Renommee gelegentlich sogar westliche Künstler zehrten, wenn sie im Sinne des Trommlers für die Menschenrechte auftraten, die ihrerseits nun nicht gerade die Spezialität im östlichen Teil des zweigeteilten Deutschland waren. Immerhin wäre es ungerecht, den 1956 ins Leben gerufenen und seit 1957 vergebenen Preis nicht als Beleg für Heines Bedeutung im Rahmen des noch so problematisch ausgelegten Fortschrittsgedankens einer Kulturpolitik der DDR zu sehen: Der für die deutsche Literatur und zumal für Heine unermüdlich tätige Emigrant Walther Victor, dessen Heine-Lesebuch unter seinen übrigen ›Klassiker‹-Anthologien einigen Generationen hüben wie drüben auf die Beine geholfen hat, gehört mit Recht zu den ersten Preisträgern. Weiterhin sollen ins nie grundlose, jedoch auch manchmal nicht widerspruchsfreie Heine-Gedächtnis gerufen werden Persönlichkeiten wie Wieland Herzfelde, Gründer des 1917 begonnenen legendären Malik-Verlags und Bruder des Graphikers John Heartfield; und Gerd Semmer, Vater des deutschen Protestsongs, der in Düsseldorf lebte; weiterhin der SED-nahe, sehr bekannte Autor Hermann Kant; der Schriftsteller und Feuilletonist Heinz Knobloch, der unter anderem ein Buch über Moses Mendelssohn in Berlin verfasst hat und auch nach der Wende vielfach ausgezeichnet wurde; der nicht angepasste Schriftsteller Volker Braun, der 2000, 29 Jahre nach der Auszeichnung unter Heines Namen, Büchner-Preisträger wurde.

Stephan Hermlin, als Jude aus der Emigration zurückgekehrt, hatte bereits 1948 den Heinrich-Heine-Preis des Schutz-

verbandes Deutscher Autoren erhalten und bekam diesen nach
Heine benannten Preis des Ministeriums für Kultur der DDR
im Gedenkjahr 1972, da er zu den wichtigsten, wenn auch
nicht immer angepassten Dichtern gehörte. Genannt zu werden verdienen der Literaturwissenschaftler und überragende
Heine-Spezialist Hans Kaufmann; natürlich Sarah Kirsch, die
als Lyrikerin nach Wolf Biermanns Ausweisung in den Westen übersiedelte und später auch die Ehrengabe der Heine-Gesellschaft erhielt; und die Dichterin Eva Strittmatter, die mit
dem Schriftsteller Erwin Strittmatter verheiratet war; Dieter
Süverkrüp, viel bewunderter Liedermacher aus Düsseldorf;
und Heinz Czechowski, Dramaturg und eindringlicher Lyriker
aus Dresden; Rudolf Hirsch, der aus Krefeld stammte, nach
der Emigration in Palästina als populärster Gerichtsreporter
der DDR arbeitete und auch über die Auschwitz-Prozesse berichtete; John Erpenbeck, Wissenschaftler und Schriftsteller;
sowie Bernt Engelmann, Urenkel Leopold Ullsteins, der sich
durch Verbandsarbeit und gute DDR-Kontakte vom Westen
aus als politischer Autor einen großen Namen machte; 1988
auch noch der in Hamburg lebende Lyriker Peter Rühmkorf,
nachdem er bereits die Ehrengabe der Heine-Gesellschaft besaß, so dass auch hier wie bei Sarah Kirsch gilt: zweimal Heine
ist nie falsch, sondern besser; bevor der Preis wenig später zur
Zeit der Wende eingestellt wurde. Diese Reihung sei als Reigen
der Heine-Gemeinde unter sozialistischem Vorzeichen vorgenommen, weil sie nicht vergessen werden darf. Es ist keineswegs eine wilde Jagd, sondern vor allem ein Zeichen für die
Überparteilichkeit eines Autors, dem dennoch überall und in
sämtlichen Zusammenhängen eine große politische Bedeutung eigen ist. Diese hat er bis heute bewahrt.

Hervorgehoben seien im Folgenden die mit der Ehrengabe
der Heine-Gesellschaft seit 1965 ausgezeichneten Menschen
aus dem literarischen Leben sowie die mit dem als Persön-

lichkeitsauszeichnung geschaffenen Heine-Preis der Landes-
hauptstadt Düsseldorf seit 1972 bedachten Trägerinnen und
Träger mit ihrem herausragenden Vorbildcharakter. Aus einer
sogenannten Heine-Nähe, die immer wieder Anlass zu Spe-
kulationen bot, ergab sich insgesamt tatsächlich so etwas wie
eine moderne Heine-Familie, die mit ihm an einem Strang
zieht und für seine Ziele einsteht.

Ehrengabe der Heinrich-Heine-Gesellschaft

Der erste Empfänger der Ehrengabe, die damals in einer Pla-
kette bestand, war im Jahre 1965 Max Brod. Er hatte als Freund
Franz Kafkas dessen Werk vor dem vom begnadeten Verfas-
ser selbst angeordneten Untergang gerettet, besaß eigene
Verdienste als Schriftsteller, speziell auch als Verfasser eines
Heine-Buches und bildete nach dem Schrecken des Zweiten
Weltkrieges in Israel die Bastion jener Prager Kultur, die durch
den Wahn der Nazis ausgelöscht worden war. Ihn hätte die
Heine-Gesellschaft bereits früher gern in der städtischen
Nachfolge von Theodor Heuss als Empänger der 1960 nur einmal verliehenen goldenen Heine-Medaille gesehen. Als dieser Wunsch nicht erhört wurde, erfand die literarische Vereinigung ihren eigenen undotierten Literaturpreis. Er entfaltete
sich zu einer anspruchsvollen und klangvollen Reihe literarischer Persönlichkeiten aus den unterschiedlichsten Genres
und kann mit abwechslungsreichen Namen aufwarten. Der
Preis wurde unregelmäßig verliehen. Gerade in der Anfangs-
zeit vergingen gelegentlich viele Jahre bis zur nächsten Verleihung.

So kam es, dass die auf den ehrwürdigen Brod folgende Verleihung erst 1972 im Rahmen des Internationalen Heine-Kon-
gresses in Düsseldorf aus Anlass des 175. Geburtstages statt-

fand. Hilde Domin wurde diesmal ausgezeichnet, die als Emigrantin den sie endgültig rettenden Hafen Santo Domingo zu ihrem Pseudonym erkoren hatte und in der frühen Bundesrepublik ihre lyrische Stimme vor allem mit dem schwebenden Titel »Eine Rose als Stütze« nachhaltig zu erheben wusste. Heine hielt sie auf sympathische Weise immer und ewig die Treue. Sie nahm noch hochbetagt und ebenso begeistert von Heidelberg aus zum Auftakt des Heine- und Schumannjahres 2006 an der Verleihung der Ehrengabe an die Publizistin und Frauenrechtlerin Alice Schwarzer in der Deutschen Oper am Rhein zu Düsseldorf teil, erlitt kurz darauf einen Sturz und verstarb.

Zum 20. Gründungs-Gedächtnis der Heine-Gesellschaft folgte ihr 1976 der Literaturkritiker Marcel Reich-Ranicki, der damals im Feuilleton der »Zeit« arbeitete, bevor er als einer der angesehensten Literaturkritiker zur »Frankfurter Allgemeinen Zeitung« wechselte und später im Fernsehen das von vielen bewunderte »Literarische Quartett« leitete. Es war seine erste Ehrung, der so viele folgen sollten. Er sprach über Heines ›Gegenbild‹ Ludwig Börne. Und er bewahrte der Ehrengabe sowie der Heine-Gesellschaft ein wahrlich anhängliches Andenken, wobei er stets den dadurch gestifteten Anfang seiner außerdienstlichen Anerkennung betonte. Ihm folgte 1981 Martin Walser, zu dessen später eingestandenem Missvergnügen sein Vorgänger die Laudatio hielt. Die Rede über »Heines Tränen« bewahrte auch in Walsers später wechselhafteren Zeiten ihren essayistisch bezaubernden Wert. Die Ehrung bestand seitdem aus versilberten Bronzearbeiten aus der Werkstatt von Bert Gerresheim.

Peter Rühmkorf erhielt den Preis, ließ Blicke auf die so geliebte und ihn dennoch quälende Beschäftigung mit Heine zu, was zum überwältigenden Ergebnis über »Suppentopf und Guillotine« führte. Er, der auf dem Hochseil zwischen Freund

Hein und Freund Heine seine lyrischen Eskapaden vollbrachte, schaffte es in dieser Rede anspielungsreich, Heines »Frauengestalten« zu würdigen. Kay und Lore Lorentz vom Düsseldorfer ›Kommödchen‹ wurden ausgezeichnet. Sie, das Schlachtross dieser sagenhaften Bühne für in bissigen Witz verpackte Wahrheiten, vermochte, das sei bewundernd erwähnt, des Dichters Texte so intensiv zu sprechen, als wären sie im Augenblick entstanden, zumal ihr als Kabarettistin die ironischen Nuancen lagen, als wären sie für ihre böhmische Stimme erfunden. Die Laudatio auf das berühmte öffentlich kritische Ehepaar hielt ihr junger Zunftgenosse Harald Schmidt, der just von dem Zeitpunkt an, wie Lore Lorentz sogleich süffisant anmerkte, eine große Karriere in seinem Fach vor sich habe. Was auch umgehend eintraf. Sarah Kirsch erhielt die Ehrengabe und war der lebende Beweis für die Wunder lyrischen Sprechens. Bei Tankred Dorst, dem Dramatiker, dessen großes Stück »Merlin oder das wüste Land« im Düsseldorfer Schauspielhaus aufgeführt worden war, fand die Veranstaltung zum bisher ersten und einzigen Mal außerhalb Düsseldorfs, während spektakulärer Heine-Tage in Augsburg, statt. Eine Folge seiner Wahl war unbeabsichtigt, aber großartig: sie zeitigte das endliche Erscheinen seines lange unvollendet in der Schublade gelegenen Stücks »Harrys Kopf«, das dann schließlich, beispielsweise zum Heine-Jahr 1997 im Düsseldorfer Schauspielhaus, bemerkenswerte Aufführungen erlebte. Der Dramatiker, so sagte er selber, habe lange über die verschiedenen Szenen als ein Auf und Zu von Türen nachgesonnen, was sich noch als letzte Szenenanweisung des Stücks durch sämtlich aufgehende sieben Türen mit Blick auf »eine flache Landschaft Schnee« bewahrheitet. Echte und literarische Figuren dringen auf den Dichter ein, sein Krankenzimmer in Paris wird zum Nabel der Welt.

Das Heinesche Jubeljahr selbst, aus Anlass des 200. Geburtstages des Dichters, wurde mit der Verleihung der Ehrengabe an die aus Wien stammende amerikanische Literaturwissenschaftlerin Ruth Klüger feierlich und bewegend eröffnet. Sie war in Deutschland vor allem durch ihr Erinnerungsbuch »weiter leben« an ihre Zeit als junges Mädchen im Konzentrationslager für ein breites Publikum bekannt geworden. Ihre Rede galt dem romantischen Aufklärer Heine unter einem Zitat aus »Deutschland. Ein Wintermärchen«: »Mein Herz ist liebend wie das Licht«. Frank Schirrmacher, damals jugendlicher Mitherausgeber der »Frankfurter Allgemeinen Zeitung«, hatte mit seinem Votum maßgebend zur Jury-Entscheidung beigetragen. Der damalige Ministerpräsident von Nordrhein-Westfalen, Johannes Rau, hielt die Laudatio. Also alles in allem eine enorme, dennoch nicht abgehobene Höhe, auf deren weit über die Region hinausreichenden Plattform Heine bewundert, gelobt und geliebt wurde. Auch Bernhard Schlink, der mit seinem Welterfolg »Der Vorleser« Annäherungen an empfindliche deutsche Verhaltensweisen der Kriegs- wie Nachkriegszeit erreicht hatte, erhielt die Ehrengabe. Danach der aus Düsseldorf stammende Dramatiker und Erzähler Dieter Forte, der in der Nachfolge von Friedrich Dürrenmatt als Hausautor des Basler Theaters in die Schweiz ging und in den penibel festgehaltenen Fäden der erst spät entworfenen europäisch-rheinischen Familiensaga eine viel beachtete Trilogie unter dem Titel »Das Haus auf meinen Schultern« schuf. Das Heine- und Schumann-Jahr 2006 begann mit der oben bereits im Zusammenhang mit Hilde Domin genannten Ehrengabe an die Publizistin, Verlegerin und Frauenrechtlerin Alice Schwarzer, der besonders die Sympathien vieler, meist weiblicher Anhänger sicher waren, während einige Heine-Experten ihre Darstellung des ihr, selber aus Wuppertal stammend, heimatlich vertrauten und wegen der vergleichbaren Bevorzugung von Paris zwar unbedingt lieben, aber unter der feministischen Brille ein wenig abständigen Heine durch ihren unhistorischen Blick auf den Dichter, der immerhin die »große Frauenfrage« etc. aufgeworfen hatte, mehr als übel nahmen. Streit muss sein. Wer da Recht hat, um auf Heines späte »Disputation« zwischen Rabbiner und Mönch am spanischen Hofe anzuspielen, wird sich zwischen den Kombattanten schwer lösen lassen. Ihr folgte wiederum ohne jede auf Geschlecht oder Ansehen bezogene Absprache eine Frau: die rumänendeutsche Schriftstellerin Herta Müller, der wenige Tage später der Nobelpreis für Literatur zugesprochen wurde, so dass Heine auch in diesem Fall eine international wahrgenommene Mitstreiterin an der Hand hatte oder besser gesagt: sich beide an die Hände nahmen, um über immer noch bestehende Hürden zu steigen. Ebenfalls über Grenzen hinaus blickte die Heine-Gesellschaft bei der anschließenden Auszeichnung für den bosnischen Schriftsteller und Dramaturgen Dževad Karahasan, der als Moslem jene Form von friedlichem Einverständnis unter sämtlichen Glaubensüberzeugungen zu vermitteln versucht, wie sich Heine eine segensreichere Ordnung der Religionen vorgestellt hätte.

Der bisher letzte Preisträger war Mitte 2015 der mit erst 60 Jahren ein gutes halbes Jahr danach verstorbene Schriftsteller und Moderator Roger Willemsen. Seine rheinische Herkunft, die Eleganz seiner Sprache und die Weitläufigkeit seiner Interessen wie Reiseberichte mit ihrem unbedingten Einsatz für die Rechte all jener, die zu kurz kommen im Weltgetriebe, machten ihn zu einem würdigen Vertreter. Seine glänzende Heine-Rede, die im »Heine-Jahrbuch« 2015 nachzulesen ist, gehört zu den ziemlich letzten Verlautbarungen dieses Intellektuellen auf einem nicht immer bei jeder Erscheinungsweise kultureller Prozesse vom Publikum vordringlich beliebten Parkett. Er dagegen hatte für Literatur, Musik und überhaupt Kultur als Engagement zugunsten eines hörbaren Protestes eine Schneise geschlagen.

Heine-Preis der Landeshauptstadt Düsseldorf

Die Stadt Düsseldorf entschloss sich dann nach den Verheerungen des Zweiten Weltkriegs endlich doch nach einigen ebenso anerkennenswerten wie erfolgreichen Annäherungen an den so lange Zeit von außen geschmähten und von innen nicht nur darum mit spitzen Fingern angefassten Dichter zu einem weithin wahrnehmbaren Preis mit seinem Namen. Die Schaffung des Heine-Preises als Persönlichkeitsauszeichnung setzte endlich dem Ganzen eine ebenso veritable wie variable Krone auf, mit der man sich in der Kulturwelt messen konnte. Dieser mit einer beachtlichen Summe ausgestattete Preis (zunächst lag das Preisgeld bei 25 000 DM, seit dem Jahr 2000 bei 25 000 Euro und verdoppelte sich 2006 auf 50 000 Euro) wurde anfangs alle drei Jahre, seit 1981 alle zwei Jahre jeweils am 13. Dezember zum Heine-Geburtstag verliehen und hat inzwischen eine ebenfalls ansehnliche Reihe von Persönlichkeiten unter dem Namen des Dichters und Kämpfers für die Menschenrechte versammelt.

Mit dem ersten, prinzipiell ehrenwerten Preisträger im Jahre 1972 bewies die Jury dummerweise nicht jenen ganz guten Griff, den man sich versprochen hatte, obgleich er Carl Zuckmayer hieß und in vielen Dingen Heine durchaus nach Schicksal und Aufrichtigkeit entsprach. Er hatte jedoch kurz zuvor bei einer literarischen Umfrage von Wilhelm Gössmann, Düsseldorfer Germanist und selber Schriftsteller, der kurz darauf für zehn Jahre das Amt des Vorsitzenden der Heine-Gesellschaft übernahm, unter dem Titel »Geständnisse. Heine im Bewusstsein heutiger Autoren« verlauten lassen, dass er »bei aller Bewunderung seiner brillanten Intelligenz und seines dichterischen Vermögens« zu Heine »nie ein Verhältnis finden« konnte. Damit gewinnt man bei einem so heiklen Anlass keine Freunde. Bei der Preisverleihung selbst war er aus gesundheitlichen Gründen nicht anwesend. Seine Frau Alice Zuckmayer-Herdan verlas den Dank, der jene Scharte wieder auswetzen musste.

Der französische Germanist Pierre Bertaux verlieh seinerseits im Anschluss daran, als der Brückenschlag ein schönes Signal bildete, wegen seiner eleganten literarischen Verknüpfung schwieriger Nachbarländer dem Heine-Preis dann jene unbestrittene Grandezza, wie sie überzeugt. Ihm folgten der zu jenem Zeitpunkt weithin beachtete Emigrant und Gegenwartshistoriker Sebastian Haffner; der namhafte Tübinger Rhetoriker und Schriftsteller Walter Jens, der seinerseits sogar ein Stück über ein imaginäres Zusammentreffen von Lessing und Heine in der Wolfenbütteler Bibliothek verfasst hatte; der Naturphilosoph Carl Friedrich von Weiszäcker, dessen Schweizer Frau zufällig aus der Familie von Heines Hamburger Freund François Wille stammte; sowie der Lyriker Günter Kunert, der durch jüdische Erfahrungen und den Wechsel von Ost nach West eine bewegte deutsche Epoche abbildet. Mit Marion Gräfin Dönhoff, der Herausgeberin der »Zeit«, wurde die erste Frau des Heine-Preises für würdig erachtet und verwandte ihn aufgrund ihrer östlichen Erfahrungen und des damit verbundenen Engagements für das Kant-Denkmal in Königsberg. Ihr folgte der bereits zur Ikone aufgestiegene Schweizer Schriftsteller Max Frisch, von Christoph Hein vorzüglich gewürdigt. Frisch wurde vom damals amtierenden Bundespräsidenten Richard von Weizsäcker abgelöst. Ihm hielt der greise Hans Mayer die hinreißend freie Laudatio, da seine schwachen Augen dem Umblättern der Seiten nur noch zum Schein folgten. Der Liedermacher und Dichter Wolf Biermann, ebenfalls ein Symbol für die deutsch-deutsche Geschichte, bildete das zum Präsidenten äußerst passable Gegenstück, dem der polnische Historiker und zeitweilige Außenminister Wladyslaw Bartoszewski nachfolgte; ihm wiederum hielt der aus einer polnisch-jüdischen Familie stammende Pariser Kardinal Jean-Marie Lustiger die Laudatio.

Bei den folgenden Preisverleihungen obsiegte die Literatur über den allgemeinen überliterarischen Anspruch: Der Schriftsteller Hans Magnus Enzensberger wurde genauso ausgezeichnet wie der in England lehrende Germanist und nicht nur in Deutschland als Romanautor bekannt gewordene und bei einem Unfall zu früh verstorbene W. G. Sebald. Dem wiederum folgte die vieldiskutierte österreichische Romanautorin und Dramatikerin Elfriede Jelinek, die in Düsseldorf auch persönlich erschien und eine sympathische Rede hielt, während sie den ihr bald danach verliehenen Nobelpreis in Stockholm nicht in eigener Person entgegennahm. Den Heines lyrischen Ton in so manchem treffenden Dichter Robert Gernhardt erreichte der Heine-Preis kurz vor seinem Tod. Sein hintersinniger Humor traf Heines alltäglichen Witz, was dem deutschen Publikum für hehre Poetenweihen nicht immer ganz recht scheint. Dann geschah mit großem Getöse der Handke-Skandal.

Dass Heine nicht irgendein Dichter ist, dessen Name in zweideutige Zusammenhänge geraten darf, hat das Heine-Jahr 2006 zum 150. Todesjahr wahrlich medienwirksam demonstriert. Für Düsseldorf ergab sich die große Chance, ein Heine- und Schumann-Jahr auszurufen, weil beide mit Düsseldorf verbundenen Künstler auch im Todesjahr Gemeinsamkeiten besaßen. Alles schien sich bestens anzulassen. Der Sturm fegte übers Land, als die Heine-Jury sich für Peter Handke als Heine-Preisträger entschied. Das wollte neben dem Stadtrat eine interessierte und engagierte Öffentlichkeit nicht dulden, dass beider Namen durch den Preis vereinigt würde. Dafür hatte Handke zu viel Verständnis und Nähe zur serbischen Führung gezeigt, deren inhuman militaristisches Verhalten außerhalb jeglicher der Humanität verpflichteten Ideale des Heine-

Preises stand. Die unabhängige Entscheidung der Jury wurde, was vielen begreiflich war, diffamiert und mehr oder weniger trotz einigen Widerstands entmachtet. Die Literaturkritikerin Sigrid Löffler, die in der Heine-Jury ihrem Widersacher Reich-Ranicki aus dem zuschauerträchtigen »Literarischen Quartett« später gefolgt war, und der französische Germanist Jean-Pierre Lefèbvre, Schüler und Nachfolger von Paul Celan an einer Pariser Elite-Hochschule, verließen aus Protest das Gremium. Der Preis wurde von einem entnervten Autor Handke nach längeren scharf geführten Debatten und einem lyrischen Statement schließlich dann doch nicht angenommen oder mit anderen Worten lahmgelegt. Die Preisverleihung fiel aus. Auch das noch so gründlich vorbereitete Heine- und Schumann-Jahr hatte durch die Auseinandersetzungen gelitten. Niemand interessierte sich mehr für die Inhalte, alle wollten sich am Skandal laben. Wieder einmal war Heine selbst auf der Strecke geblieben. Der Musik-Kabarettist Marco Tschirpke widmete dem Vorgang im 1. Band seiner »Gedichte« von 2012 die zehn vierzeiligen, sehr ironisch gereimten Strophen »Der Heine-Preis«.

Beim folgenden Mal wurde der namhafte israelische Schriftsteller Amos Oz ausgezeichnet, wobei der vormalige Bundespräsident und Heine-Preisträger Richard von Weizsäcker die Laudatio hielt. Die Welt war durch diese souveräne Lösung zwar insgesamt nicht besser als früher, im Düsseldorfer Rathaus aber wenigstens wieder einigermaßen in Ordnung. Das stellten auch die folgenden Namen unter Beweis: Simone Veil, ehemalige Präsidentin des Europäischen Parlaments und Mitglied der Académie Française, die ihr Preisgeld übrigens zur Restaurierung des Heine-Grabes auf dem Montmartre-Friedhof nutzte, und der Philosoph Jürgen Habermas, auch er in Düsseldorf, so möchte man mit Heine sagen, »zufällig« geboren, wenn auch sonst immer anderswo zuhause. Darauf folgte der Laudator und Freund dieses international gefeierten

Gelehrten, nämlich der Filmemacher und Schriftsteller Alexander Kluge, dem der Maler Anselm Kiefer die Lobrede hielt. Heine hätte, so wird man resümieren dürfen, mit der Größenordnung der Namen und der Wirkung der Veranstaltungen zufrieden sein können.

Resümee: Folgenreiche Zeiten – Fortsetzung folgt

Heines Folgen sind von Beginn an allemal einem schwankenden Schiff oder gleichzeitig mehreren oder auch wechselnden Schaluppen und Booten von oft verschiedensten Typen oder Ausmaßen und nicht immer günstiger Beschaffenheit überantwortet gewesen und bleiben auch in Zukunft immer noch eine nicht einfache oder gar sichere Last. Vor Kursänderungen durften solche Transportmittel sich erst gar nicht fürchten und von Traumschiff oder Luxusdampfer war nur in den selteneren Fällen zu reden. In Bezug auf seinen Weltbestseller »Buch der Lieder«, das, wie Lüneburger Freunde in Aussicht stellten, so »populär« werden könne wie etwa die Goetheschen Gedichte, spricht er selber nach dessen Erscheinen als von einem harmlosen »Kauffahrteischiff«, das »ruhig ins Meer der Vergessenheit hinabsegeln« werde. Nichts davon, auch wenn es Verspätungen in der deutschen Akzeptanz und damit einhergehend in der weltweiten Wirkung gerade dieser erfolgreichen Gedichtsammlung gab. Aber an den Erfolg seiner Werke glaubte er bei allen Kämpfen wegen der Zensur und um die Gunst der Leserschaft oft genug selber nur bedingt, ließ sich jedoch von den Zweifeln nicht unterkriegen. Denken wir an seine nach wie vor staunenswerte Skepsis in so vielen Dingen und an seinen nicht zu besiegenden Optimismus. Ein mutiges Sowohl-als-Auch scheint zu seinen Haupterfahrungen und zu seinem Lebensmotto geworden zu sein. Ihn als Tausendsassa sich vorzustellen, ginge über die schwirrende Ironie hinaus, die auch als Selbstironie Bestand hatte. Darum, wegen des Gefälles zwischen Überhebung, Zaudern und Selbstzweifel wirken sein Leben, sein Werk und die sich daraus ergebende Geschichte oft besonders symbolisch.

In der Tat vermögen die Historie wie Nachwirkung Heines, oder nennen wir solche Geschehnisse von nachhaltigem Aplomb in seiner Bedeutung oder Ablehnung einfach ›Folgen‹, sowohl deutsche wie europäische, ja Weltverhältnisse abzubilden: Wir wollen es bei dieser Feststellung oder Summe seiner Wirkung nicht zu hochtrabend machen oder halten. Aber wie es der Aufnahme Heines in der Öffentlichkeit weit und breit ergeht, so verhält oder fühlt sich, auch wenn wir es nur sachlich und bescheiden ausdrücken, die ganze uns umgebende Welt. Ihr Erregungs- und Gesundheitszustand scheint mit der Würdigung und Anerkennung des Heineschen Werks und von dessen Aussagen wie Botschaften eng verquickt. Seine Ablehnung zeichnet die Engstirnigkeit nach, seine Anerkennung vermag von erstarktem und tolerantem Selbstbewusstsein zu erzählen. Wir wollen seinen Anspruch und diese Vermutung nicht ins Vermessene treiben, aber erst die Selbstverständlichkeit, mit der an allen Ecken und Enden seiner gedacht, seine Gedichte geliebt, seine Offenheit dankbar anerkannt wird, hat etwas vom Fortschritt der menschlichen Gesittung an sich. Dabei wollen wir nicht verschweigen, dass ihm selber sein Ruhm oder die Reputation ausgesprochen am Herzen lag. Wie dem Schöpfer sein Lob gefällt, so dem Dichter das seine. Schon »Die Harzreise« verkündet selbstbewusst diesen Einklang: »Jeder Autor, und sei er noch so groß, wünscht, dass sein Werk gelobt werde. Und in der Bibel, den Memoiren Gottes, steht ausdrücklich: dass er die Menschen erschaffen zu seinem Ruhm und Preis.« Eine Sache stellvertretend für die anderen, die genauso fühlen und zum Wohle des öffentlichen Bewusstseins erreichen wollen, zu schaffen und zu fördern, das ist seine unvergessliche Leistung. Heine war nie duckmäuserisch, schon gar nicht was die eigene Bedeutung anging. Das könnte man als Eitelkeit, doch ebenso als selbstbewusste Erkenntnis ansehen, was seinen literarhistorischen und kulturgeschichtlichen Rang betrifft.

Damit schließt sich offensichtlich der Kreis der unbefangenen Ehrlichkeit samt einer Einforderung von Menschenrechten für alle. Auf diese Weise knüpft der mutige Schriftsteller Heine gleichzeitig an die großen Vorgänger an, zu denen nach Luther und Lessing selbstredend für ihn auch unsere Klassiker wie Goethe und Schiller zählen, eine Vorgängerschaft, die er selber beschworen hat und ohne deren literarisches Werk ebenfalls nicht jener Standard von Freiheit, Gleichheit, Achtung und Lebensfreude zu haben ist. Literatur, die immer miteinander verflochten bleibt und aufeinander aufbaut, hat eben doch ihre Wirkung und alle Kunst ein neues Bewusstsein im Gefolge. Nur bei einigen ihrer Repräsentanten wird diese Kraft, auf die insgesamt zu bauen ist, besonders hell und deutlich. Gerade mit ihnen Allianzen für ein ganzes Leben einzugehen ist für das öffentliche Bewusstsein ratsam. Heine gehört zu diesen immer begeisternden Vertretern, deren Lektüre seiner Leserschaft auch in Zukunft noch die Augen zu öffnen vermag, ohne nur an solche ernsten Dinge wie das Gewissen zu rühren, sondern stets auch das Vergnügen hervorzurufen an der erzählten oder gereimten Geschichte und ihrer besonders originellen Darstellung.

Heines Aktualität in ihrem Auf und Ab der Jahrzehnte, um nicht inzwischen mit einem gewissen Erstaunen sogar von Jahrhunderten zu sprechen, besteht in der stets von Neuem zu befragenden souveränen Selbständigkeit seines Lebens und Werks. Ohne Zweifel steigt und fällt der Pegel seiner Popula-

rität wie der des von ihm so geliebten Meeres. Zweifellos sind
es auch nicht die Wissenschaften und kulturellen Zusammen-
schlüsse allein, die sich seiner bemächtigen dürfen. Im Gegenteil: Er bedarf eines unvoreingenommenen Publikums, das
sich an der Unbekümmertheit seines Blicks und seiner salopp-
unerschrockenen Ausdrucksweise erfreut. Und wenn seine Le-
serinnen und Leser davon etwas für sich selber umzusetzen
vermögen als Stütze für das eigene Selbstbewusstsein, einen
vom Glück nicht vergessenen, durchaus unaufgeregt vorsich-
tig, als nicht zu notdürftig bescheiden anzusehenden individuellen Ort im Weltgeschehen erreicht zu haben, wo der so welt-
fromme, geheimnisvoll fürsorgliche »Gotteshimmel« mit seinen Sternen, wie es auf seinem Grabstein heißt, unser ganz
persönliches, ortsunabhängiges Andenken bedeutet, nur das
unsere, ohne jeglichen übertriebenen Egoismus, aber auch
ohne verlorene Fremdheit, dann zeitigt Heines Beruf, ja, wie
er selber ihn wohl oft genug ohne falsche Bescheidenheit verstanden hat, seine Sendung im Dienste der einzelnen Menschen wie der ganzen Menschheit die schönsten Folgen. Oder
wie er in der »Romantischen Schule« die neue Literaturauffassung und Aufgabe beschrieben hatte: »Künstler, Tribun und
Apostel« zu sein. Es geht ihm und seinen Werken nicht nur um
die noch so lebensnotwendige Ästhetik, sondern auch um eine
inhaltliche Forderung mit politischem Anspruch, nämlich um
die anerkannte Stellung von gleichberechtigten Menschen in
der Welt und um ihren höheren humanen Sinn von ethischer
oder moralischer Qualität mitsamt einer damit unbedingt ein-
hergehenden Verteidigung der jeweiligen Gegenwart wie einer
immer und ständig einzufordernden und zu verteidigenden
Würde. Mit ihm und über ihn kann man, was innerhalb der literarischen Tradition nicht unbedingt das Übliche ist, lachen;
mit ihm und über ihn auch beim Gegenteil landen, nämlich
weinen. Und dabei lernen, beides auch um seiner selbst wil-

len zu tun. Gibt es einen schöneren, menschlicheren Bogen eines angeregt harmonischen Verhältnisses zwischen Schriftsteller und Publikum? Allein deshalb schon ist es überhaupt kein Sakrileg, das Pamphlet von Karl Kraus als negativen und neidisch mythologisierenden Nachruf auf Heine zu lesen, dem dessen positiver Mythos einer welt- und menschenzugewandten skeptischen Zukunftshoffnung einschließlich jeden Mitleids für die Not des Einzelnen widerspricht oder besser jeglichen Boden entzieht. Sein Name bleibt unsterblich, so der anfangs in »Heine und die Folgen« von Kraus herbeizitierte Gewährsmann für den guten lyrischen Geschmack, Detlev von Liliencron, wenn er im Unterschied zu Kraus verehrungsvoll von Heine spricht. Wer oder was ihn auf den Pfaden der Unsterblichkeit unter Einschluss gelegentlicher Volten bisher begleitet hat, davon mögen die vorliegenden Seiten vielleicht einen kleinen Eindruck vermitteln, indem sie frank und frei von Heines Auf- und Untergängen sowie seiner mehrfachen Wiederkunft zu berichten versuchten.

Literaturhinweise

»Heine und die Folgen«, bei einem solchen Thema geht es immer auch um Forschungsgeschichte wie Forschungsbericht. Die wichtigsten Ausgaben der Werke, Briefe und Gespräche Heines sind darum im Text selbst aufgeführt worden; das gilt ebenfalls für die Sammlungen der Heine-Rezeption zu Lebzeiten und nach seinem Tode; es gilt genauso für die Heine-Bibliographien und deren spezielle Ausformung für die Vertonungen, auch für einige (unter so mannigfachen) Biographien oder Monographien sowie für die Darstellung der Denkmalsgeschichte oder der Heine-Gesellschaft und für die weiterhin im laufenden Text erwähnte, nicht gerade unwesentliche Auswahl an Heine-Literatur aus den verschiedensten Bereichen und Erscheinungsjahren.

Darum können sich die hier folgenden weiteren Hinweise sehr beschränken, indem einerseits noch einmal ausdrücklich auf das unerlässliche »Heine-Jahrbuch« verwiesen wird, andererseits die kleine Liste nur als Tipp zu verstehen ist, den Anhang, weil im Text nicht bereits eigens aufgeführt, mit seinen wenigen Titeln als Beispiele der Erweiterung jener großen Welt der Heine-Literatur wahrzunehmen, wodurch gleichzeitig ein ganzes Spektrum unerwarteter Zusammenhänge entstehen kann. Dabei ist mit diesen überschaubaren kommentierten Titeln, die zumeist aus der jüngeren Zeit stammen, versucht worden, die in der Tat folgenreiche ideen- und religions-, aber auch technikgeschichtliche Vielfalt des Heineschen Horizonts anzudeuten.

Bartscherer, Christoph: Heinrich Heines religiöse Revolte. Freiburg, Basel, Wien 2005 (auf 639 Seiten ein Gemälde der Heineschen Auseinandersetzung vor allem mit der Gottesfrage und christlichen Überlieferung)

Fendri, Mounir: Halbmond, Kreuz und Schibboleth. Heinrich Heine und der islamische Orient. Hamburg 1980 (diese in den »Heine-Studien« erschienene Darstellung des tunesischen Germanisten bietet die erste große Auseinandersetzung mit Heines islamischen Interessen wie Kenntnissen)

Großklaus, Götz: Heinrich Heine. Der Dichter der Modernität. München 2013 (eine beeindruckende Studie des seit langem mit den Texten des Dichters aufs Genaueste vertrauten Karlsruher Medienhistorikers über die in jedem Sinne als enorme Bewegung zu deutende Heinesche Wahrnehmung von Technik und Modernität)

Kruse, Joseph A.: Heinrich Heine. Leben, Werk, Wirkung. Suhrkamp BasisBiographie. Frankfurt am Main 2005 (als Einführung gedachte Darstellung, die auch bereits einige Folgen berücksichtigt, ohne Karl Kraus überhaupt zu nennen)

Peters, Paul (Hrsg.): Heinrich Heine. Prinzessin Sabbat. Über Juden und Judentum. Bodenheim 1997 (der kanadische Germanist, der das Thema bestens kennt, erreicht damit eine hilfreiche Anthologie des Heineschen Lebensthemas)

Wenzel, Eugen: Ein neues Lied? Ein besseres Lied? Die neuen
»Evangelien« nach Heine, Wagner und Nietzsche. Würz-
burg 2014 (die Paderborner Dissertation stellt Heines Botschaft in den innovativen Zusammenhang einer wirksa-
men Folgezeit)
Winter, Hilde: Heinrich Heine und »Das Buch«. Funktionen
der Bibelzitate und -anspielungen in seinen Werken und
Briefen. Mit einer Datenbank auf CD. Hildesheim 2012
(ein hilfreiches Kompendium zum Verständnis von Heines
Sprache und Themen mit biblischer Grundierung)

Literaturhinweise

Rüdiger Görner
Hölderlin und die Folgen
2016, 160 Seiten, geb. € 16,95
ISBN 978-3-476-02651-4

Hölderlins Dichtungen gehören zu den Höhepunkten der deutschen Literatur. Lange war er als Gescheiterter verkannt, seit Beginn des 20. Jahrhunderts werden die Folgen seines einzigartigen Werkes sichtbar: Die moderne Lyrik ist nicht denkbar ohne seinen hymnischen, oft fragmentarischen Stil, es haben sich bedeutende Dramatiker von ihm inspirieren lassen und Philosophen über den Gehalt seines Spätwerks gestritten.

Rüdiger Görner zeigt Hölderlins Gegenwärtigkeit: sein Ringen um Ganzheit in einer zerrissenen Welt, verfolgt mit einer Kompromisslosigkeit, die ihn erst seinen Zeitgenossen und letztendlich auch sich selbst fremd machte.

www.metzlerverlag.de
J.B. METZLER
Part of **SPRINGER NATURE**

Helmut Koopmann
Schiller und die Folgen
2016, 160 Seiten, geb. € 16,95
ISBN 978-3-476-02650-7

Schiller gilt als Klassiker – eingemauert in das Gefängnis
seiner Überzeitlichkeit. Aber kein anderer ist so sehr Zeitge-
nosse aller Zeiten gewesen wie er. Er hat die Beben der Französischen Revolution vor ihrem Ausbruch gespürt, hat den
Aufstand einer jungen Generation gegen die Welt der Väter
inszeniert. Kein anderer hat die Freiheit der Kunst so vehe-
ment verteidigt und der bürgerlichen Scheinmoral so sehr
ins Gewissen geredet. Für Nietzsche war er ein „Moraltrom-
peter". Aber der „Weltbürger, der keinem Fürsten dient", hat
wie kaum ein anderer die deutsche Kultur und deren Werte
mitgeprägt. Das zeigt dieses Buch an einer Fülle von Beispie-
len und Überlegungen zu allen Bereichen der Kultur.

www.metzlerverlag.de
J.B. METZLER
Part of **SPRINGER NATURE**